Wilhelm von Humboldt · Vom inwendigen Leben

Großdruckbücherei Edition Voss
in der Reihe leichter lesen
Band 141

Wilhelm von Humboldt

Vom inwendigen Leben

Gedanken und Betrachtungen

Verlag Hans Richarz · Sankt Augustin

Aus den Briefen Wilhelm von Humboldts an seine Frau Caroline und an Charlotte.
Ausgewählt und zusammengestellt von Hartfried Voss.

CIP-Kurztitelaufnahme der Deutschen Bibliothek

Humboldt, Wilhelm von:
[Sammlung]
Vom inwendigen Leben: Gedanken u. Betrachtungen;
[aus d. Briefen Wilhelm von Humboldts an seine
Frau Caroline u. an Charlotte / ausgew. u.
zsgest. von Hartfrid Voss]. – 3. Aufl., Ungekürzte Lizenzausg. – Sankt Augustin : Richarz,
1979.
(Reihe leichter lesen, Bücher in Großdruck;
Bd. 141 : Großdruckbücherei Edition Voss)
ISBN 3-88345-079-0

1. Auflage 1949; 3. Auflage 1979.

Herstellung: Hans Richarz Publikations-Service, Sankt Augustin

INHALT

WILHELM VON HUMBOLDT

geb. 22. 6. 1767 in Potsdam, gest. 8. 4. 1835 in Tegel, denkwürdig als Gelehrter, als Sprachforscher und Begründer der empirischen und philosophischen Sprachvergleichung, denkwürdig auch als preußischer Minister und Stifter der Berliner Universität (1809), als Diplomat während der Freiheitskriege, als Freund und Zeitgenosse Schillers und Goethes, als Förderer ihrer Werke und als Literaturkritiker von hohem Rang — als alles dies ist er zwar ein Begriff für die Allgemeinheit, aber doch wohl nur dem Namen nach. Denn was bedeutet er unserer Zeit, lebt er, leben wir mit ihm? Seine Schriften dienen fast ausschließlich der Fachwissenschaft, seine Briefe und Tagebücher wiederum sind durch ihren Umfang nur wenigen zugänglich. Man kann also ohne große Kühnheit behaupten, daß von Humboldt kaum mehr eine Wirkung auf unsere Zeit ausgeht, daß er lediglich, wie viele andere Geistesgrößen der vergangenen Jahrhunderte auch, nur „im Gedächtnis des Volkes", d. h. in der Bewunderung und stillen Achtung einiger weniger fortlebt. Humboldt selbst würde sich kaum darüber grämen; ihm war es nie um den Ruhm zu tun, um die äußeren Wirkungen. „Meist wird von uns Menschen", so schreibt schon der Vierundzwanzigjährige an seine Braut Caroline v. Dacheröden, „nur die Summe seiner Wirkungen, nicht sein inneres, lebendiges, ewig reges Wirken offenbar. Daher kommt es, daß wir so viel Wert, ich möchte sagen, so einzigen, auf die R e s u l t a t e der Dinge legen, daß wir die K r a f t vernachlässigen, wie sie an sich ist und wirkt". In diesen Worten erschließt sich bereits

Humboldts Größe und Begrenzung. Ihm ging es nicht um äußere Stellung, um Erringung einer Position, die Reichtum, Macht und einen großen Wirkungskreis einschloß, ihm ging es auch nicht darum, sich in einem Werk aufzugeben und über sich hinauszuheben, ihm ging es lediglich um die eigene Ausbildung und innere Vollendung, um das Menschsein. „Mir heißt ins Große und Ganze wirken, auf den Charakter der Menschheit wirken, und darauf wirkt jeder, sobald er auf sich und nur auf sich wirkt. Man sei nur groß und viel, so werden die Menschen es sehen und nutzen ...", das ist das programmatische Bekenntnis des Jünglings, wie er es dem Freund Georg Forster in einem Brief vom 28. 2. 1790 mitteilt, eine Lebensforderung, der er bis zu seinem Ende treu geblieben ist.

Von Natur aus zu einer betrachtenden Lebensweise neigend, als Jüngling nach außen kühl und verschlossen — „es gibt Menschen, die mich fühllos, mürrisch, menschenfeindlich nennen", schreibt er mit 22 Jahren—, innerlich jedoch von hohen Gedanken bewegt, nahm Humboldt alles, was sich ihm darbot an Geist und Natur, groß und frei in sich auf, einzig um es, wie er es später einmal ausspricht, „in seine Menschheit zu verwandeln". Als Selbstzweck, so wie ihm das Leben und der Mensch Zweck an sich sind. Er erwarb, um zu besitzen, aber nicht um seine äußere Welt, sondern die innere in sich zu bereichern und zu vervollständigen, wiederum aber nicht aus Egoismus, aus übersteigertem Individualismus, sondern aus der ethischen Erkenntnis heraus.

In der Hüttenkunde findet sich ein schönes sinnbildhaftes Vergleichswort hierfür: „Anreicherung". Es bedeutet die Erhöhung des Gehalts der Erze an nutzbaren Bestandteilen durch die „Aufbereitung", nämlich die Zerkleinerung und Befreiung der Erze von taubem Gestein. Darum also war es Humboldt zu tun: um die Anreicherung seines Ichs, dem Erz der Seele, und dessen Befreiung von taubem Gestein. Ein Vorhaben, das dem Menschen unserer Tage fast ganz fremd geworden ist; begreiflich, da die Existenznot fast nur mehr eine Aneignung von Wissen und Fertigkeiten zur raschen Veräußerung zuläßt, das Leben ohne betrachtende Muße eine Veräußerlichung des Daseins ergibt, die einer Aufgabe des inwendigen Seins gleichkommt. Nicht mehr das Menschsein ist das Schwergewicht des Individuums, das Menschlichsein, sondern — aufs Ganze gesehen — der Nutzeffekt.

Kant, dessen Werke Humboldt während seiner Studienzeit tief beeinflußt haben, hat die Frage nach dem sittlichen Wert der Menschen eindeutig beantwortet, wenn er feststellt: „In der ganzen Schöpfung kann alles, was man will und worüber man etwas vermag, auch bloß als Mittel gebraucht werden, nur der Mensch und mit ihm jedes vernünftige Geschöpf, ist Zweck an sich selbst." Heute, da der Mensch nur noch als Mittel zum Zweck gilt, ist die Negation dieses Sittengesetzes eine Selbstverständlichkeit. Je größer die Masse, und je größer in ihrer Verarmung ihre Machtlosigkeit, desto mehr wird sie und damit jeder Einzelne, den sie umschließt, benutzt — der Einzelne, die Masse ist nur noch Glied in der Kette der Umstände, aber nicht mehr Selbstzweck.

Die Humanität, das humanitäre Menschsein, wie es Humboldt als Idee innewohnte, wie es staat-

lich in der großen französischen Revolution zum Durchbruch kam, hat sich immer mehr verflüchtigt. Gewiß sind heute wieder Kräfte am Werk, die — wie es in der technokratischen Sprache unserer Tage heißt — die „moralische Aufrüstung" der Welt betreiben und den Einzelmenschen ansprechen, aber die Gefahr ist nicht zu leugnen, daß die sittliche Ethik, die immer nur von einer Auslese verkörpert werden kann, gegenüber der ständig anwachsenden Masse der Gemeinwesen (hier als Unterscheidung gegenüber den Höherwesenden gebraucht) immer geringeren Einfluß ausübt. Denn die Veredelung des Einzelindividuums, die Durchsetzung eines Volkskörpers mit veredelnden Ideen wird um so schwieriger, je größer die Masse wird, da mit dem Wachsen der Masse keineswegs auch ein Anwachsen der veredelnden Kräfte verbunden ist, im Gegenteil die Auslese von sittlich wirkenden Menschen durch die Einengung ihrer Lebensbedingungen und Lebensentfaltung geringer wird. Die Welt wird somit „immer schlechter", wenn es nicht gelingt, immer mehr Menschen dem eigenen Ich, dem i n n e r e n S e i n zuzuführen.

„Es scheint so simpel, eben dies innere Sein des Menschen überall zum letzten Gesichtspunkt zu nehmen", schreibt Humboldt an Caroline am 11. 2. 1791, „und doch ist es beinah unbegreiflich, wie fast alle Betrachtungen davon absehen. Vorzüglich kommt es wohl daher, weil man in einem Studium und gerade im wichtigsten, noch ganz zurück ist. Dies eben ist das Studium des Menschen in sich, wie er ist und wie er sein soll." Haben nicht auch wir dieses Studium allzusehr vernachlässigt? Humboldts Einsicht, daß man bei sich anfangen, auf sich wirken müsse im guten Sinne, um auf das Ganze

wirken zu können, muß zur Einsicht möglichst Vieler werden. Immer muß der Einzelne mit dem Ganzen, das Ganze mit dem Einzelnen verbunden sein; wer sich selbst gegenüber sittlich fühlt, ist es auch anderen Menschen gegenüber. Den Menschen als Zweck benutzen ist Mißachtung; Achtung dem Nebenmenschen bezeige ich, indem ich ihn zu erkennen suche. Erst dadurch, daß man sich für den anderen Menschen interessiert, sein Handeln zu begreifen, sein Schicksal mitzufühlen, ihn selbst zu verstehen sucht, erst dadurch und nur dadurch — so erkennt es Humboldt — kann man seinen Mitmenschen ehren; erst aus diesem Verstehen, das die Eigenliebe überwindet, das Selbstsüchtigkeit, Zorn, Haß, kleinlichen Neid und Hader unterdrückt, handelt man sittlich.

Der bedeutende, hervorragende Mensch, der zum Weltganzen in einer innigeren Beziehung lebt, denkt von selbst, dem Zuge seines inneren Wesens folgend, viel und intensiv über die anderen Menschen nach. Niemand sucht so lebhaft wie er zur Klarheit über sie zu kommen, denn er sucht ja in ihnen zur Klarheit über sich, zur Wahrheit zu gelangen. „Nur der Mensch ist es eigentlich, auf den sich alles Wissens schrankenloser Kreis zurückzieht" (1791).

Um das Bewußtsein des inwendigen Lebens, des B e w u ß t - S e i n s, geht es. In wem das Ich zum Bewußtsein gekommen ist, der empfindet auch im anderen Menschen das Ich, er wird der Kantischen Ethik gemäß in ihm die Persönlichkeit spüren und diese achten. In wem ein Selbst ist, für den gibt es auch ein Selbst im Nebenmenschen. D e r h ö c h s t e I n d i v i d u a l i s m u s — wie er durch das große Dreigestirn des deutschen Idealismus Goethe-

Schiller-Humboldt verkörpert wird — ist zugleich der höchste Universalimus. Das ethische Ich ist Grundbedingung aller sozialen Moral; Individualität Voraussetzung einer sozialen und ethischen Gesinnung. „Nur von demjenigen", sagt Schiller in schärfster Formulierung, „der sich bewußt ist, wird Vernunft, das heißt Folgerichtigkeit und Universalität des Bewußtseins gefordert; vorher ist er nicht Mensch und kein Akt der Menschheit kann von ihm erwartet werden." Ist es verwunderlich, daß die Welt im letzten Jahrzehnt so viele Akte der Unmenschlichkeit erlebt hat, erstaunt es da noch, wenn der Krieg, als größter Akt der Unmenschlichkeit, immer noch als eine Gegebenheit, mit der man rechnen muß, angesehen wird?

Ein Dichter unserer Zeit, Hermann Hesse, hat einmal die tiefen Worte niedergeschrieben: „Das Leben jedes Menschen ist ein Weg zu sich selber hin, der Versuch eines Weges, die Andeutung eines Pfades. Kein Mensch ist jemals ganz und gar er selbst gewesen; jeder strebt dennoch, es zu werden ..." Auch die Menschheit ist auf dem Weg zu sich selber hin, und jeder große Mensch ist der Versuch dieses Weges, ist Verkörperung des Strebens zu dem Selbst. Hierin auch liegt aller Grund des Philosophierens, dieser „Selbstbesprechung", wie Novalis es (in seinen „Fragmenten vermischten Inhalts") definiert, „Erregung des wirklichen Ich durch das idealistische Ich. Philosophieren ist der Grund aller anderen Offenbarungen; der Entschluß, zu philosophieren, ist eine Aufforderung an das wirkliche Ich, daß es sich besinnen, erwachen und Geist sein solle."

In diesem Sinne sind die Gedanken und Betrachtungen Humboldts Selbstbesprechungen und zugleich eine Aufforderung an uns. Sie erschließen uns nicht nur Humboldts „inwendiges“ Leben, sondern erleichtern uns auch den Zugang zu unserem eigenen.

*

Humboldt war „groß und viel“ aber damit die Menschen es sehen und nutzen, wie er sagt, bedurfte es einer Erinnerung, einer Herausstellung seines Eigentlichen, so wie es sich am schönsten und stärksten in seinen Briefen, vor allem an seine Frau Caroline, dokumentiert. In ihr, diesem, wie Schiller sie in einem Brief vom Januar 1790 bezeichnet, „unvergleichlichem Geschöpf“, die um ein Jahr älter als Humboldt, ihm durch ihre geistige Begabung, ihre glühende Liebe für alles Hohe und Edle, durch die glückliche Verbindung höchster Bildung mit echtester Natürlichkeit wunderbar ähnlich, ihm völlig hingegeben und doch, wie Humboldt selbst, eine freie selbständige Persönlichkeit, fand er die ideale Ehegefährtin. Sie wurde ihm — seltene und glücklichste Fügung — zu seinem idealen Ich, mit dem er seine Selbstbesprechungen hielt, zu dem sittlichen Ich, dem würdig zu sein sein ganzes Bestreben war. Ist es nicht ein ergreifendes Zeugnis demütiger Bescheidenheit, wenn der Zweiundfünfzigjährige an sie schreibt: „Ich bin wie von meinem Dasein überzeugt, daß, wenn ich D i c h nicht besessen hätte, ich nicht nur innerlich nicht geworden wäre, wie ich bin, sondern auch äußerlich nie das mindeste Bedeutende getan hätte.“ Ein Zeugnis der Treue und Unwandelbarkeit innerster Empfindung, dem, wie es sich auch aus den „Zügen zu einem Selbstbildnis“ ergibt, die Stetigkeit seiner philosophischen Lebensauffassung entspricht.

Leider hat der „Weise von Tegel“, wie Goethe den alternden Humboldt einmal bezeichnete, die Absicht, seine Lebensphilosophie oder Humanitätslehre, diese „Theorie des menschlichen Mikrokosmos in sich“ in einem Werk zusammenzufassen, nie ausgeführt. Eben darum schien es notwendig, die Fülle seiner tiefen Gedanken und Betrachtungen „der Menschen, der Zeit und der Welt“ als Bruchstücke einer großen Konfession in einem Brevier zu sammeln, um damit ein annäherndes Bild des Ganzen zu geben und um die sittliche Kraft, wie Humboldt sie verkörpert, in unserer Zeit wirksam werden zu lassen. Humboldt hat noch den von der Neuzeit so stark bekämpften Glauben, daß der Mensch vom innersten Kern her gut sei. Mag diese Streitfrage auch unentschieden bleiben, so scheint es trotz oder gerade wegen der Erfahrungen der letzten Vergangenheit sinnvoller und notwendiger, den Blick wieder auf das grundsätzlich Gute zu lenken und an das grundlegend Gute im Menschen zu glauben, genau so wie es positiver Lebenshaltung mehr entspricht, im Ablauf der Geschehnisse und Geschichte einen Sinn zu vermuten, als sich dem sinnlosen reinen Existentialismus hinzugeben. Denn wo ein guter Glaube geweckt wird oder vorhanden ist, ist auch eine Hoffnung, und wo eine Hoffnung ist, da ist auch Vertrauen. Vertrauen aber ist es insbesondere, was den heutigen Menschen fehlt: die ganze Welt, die Völker, Staatsmänner und jeder einzelne, alle sind sie gegeneinander voller Mißtrauen, weil jeder mehr vom Bösen aus denkt, das Schlechte annimmt und zuerst das Verderbliche sieht. Aus diesem einseiti-

gen Denken, das von der schlechten Erfahrung ausgeht, aus diesem N i e d r i g d e n k e n wiederum erwächst — vom einzelnen Menschen ausgehend — das viele Niedrige und die Beschwernis alles Zusammenlebens. Was nottut, ist das „h o h e D e n k e n“, ist, wie Humboldt es immer wieder ausspricht, das Ganze vor Augen haben, das Zusammenstreben des Einzelnen mit dem Ganzen.
Dies erfordert eine Bemühung, aber nicht im Sinne einer passiven Hinnahme von Lernstoff, sondern als eine persönliche Angelegenheit jedes einzelnen, als die Bemühung um seine geistige Menschwerdung. Dazu können die Gedanken und Betrachtungen Humboldts beitragen, ja, man möchte sagen, daß hierin die eigentliche Aufgabe zu sehen ist, die Humboldt heute zufällt. Nicht so sehr als Lehrmeister, sondern als Lebens-Weiser, der sehr wohl wußte und es auch selber einmal ausspricht, daß seine Denkart, die mehr auf Abstand, Verzicht und Harmonie gegründet ist, nicht für jeden tunlich ist. Aber die M ö g l i c h k e i t dieser Existenzart an einem Beispiel aufzuzeigen und damit eine Annäherung dieser der eigentlichen Menschsein-Aufgabe dienenden Denk- und Lebensauffassung herbeizuführen, ist wesentlich notwendig und wird immer fruchtbar sein. Zumal Humboldts Selbstbesprechungen so ganz persönlich an einen Menschen gerichtet sind und deswegen wiederum jeden ganz persönlich anzusprechen vermögen. Wer sie nach-denkend in sich aufnimmt, dem werden sie, im Sinne seines Urhebers, wahrhaft zu einer Anreicherung seines i n w e n d i g e n L e b e n s !

H. V.

Der Einzelne und das Ganze

Es ist im einzelnen Menschen nichts recht wahr und gediegen, was nicht, wenn auch in anderer Form, in allen und im ganzen Geschlecht liegt. Der Mensch ist überhaupt nichts, als nur durch die Kraft des Ganzen und indem er mit ihm zusammenzustimmen strebt. Dadurch nur läßt sich das Geheimnis der Sprache enträtseln, das sichere Kriterium der Wahrheit in aller Wissenschaft finden, und es ist der höchste Punkt, in den man alles Wirken nach außen hin anknüpfen muß. In sich aber ist dies selbst das Geheimnis des Lebens, das große Rätsel, das die Seele im Tode, solange man noch klares Bewußtsein haben kann, gespannt halten wird, was aber selbst der Tod vielleicht nicht ganz löst, wie der Mensch etwas für sich und doch nichts ohne den anderen, ohne sein Geschlecht sein kann. 1819

*

Der Einzelne im Strome der Weltbegebenheiten

Wenn man die Welt weltlich betrachtet, so tritt vor zwei sich aufdrängenden gewaltigen Massen das Individuum ganz im Schatten zurück oder wird vielmehr in einem großen Strome fortgerissen. Dieser Eindruck entsteht nämlich, wenn man den Zusammenhang der Weltbegebenheiten und wenn man den Wechsel des sich auf der Erde ewig erneuenden Lebens ins Auge faßt.

Was ist der einzelne in dem Strome der Weltbegebenheiten? Er verschwindet darin nicht bloß wie ein Atom gegen eine unermeßliche, alles mit sich fortreißende Kraft, sondern auch in einem höheren und edleren Sinn. Denn dieser Strom wälzt sich doch nicht, einem blinden Zufall hingegeben, gedankenlos fort, er eilt doch einem Ziele zu. Allein der einzelne erlebt das Ziel nicht, das erreicht werden soll, er genießt, wie ihn der Zufall (worunter ich nur hier eine ihm in ihren Gründen nicht erforschbare Fügung verstehe) in die Welt wirft, einen größeren oder kleineren Teil des schon in der Tat erreichten Zwecks, wird dem noch zu erreichenden oft hingeopfert und muß das ihm dabei angewiesene Werk oft plötzlich und in der Mitte der Arbeit verlassen.

Er ist also nur Werkzeug und scheint nicht einmal ein wichtiges, da, wenn der Lauf der Natur ihn hinwegrafft, er immer auf der Stelle ersetzt wird und es ganz widersinnig zu denken wäre, die große Absicht der Gottheit mit den Weltbegebenheiten könnte durch Schicksale schwacher Einzelner auch nur um eine Minute verspätet werden.

In den Weltbegebenheiten handelt es sich um ein Ziel, es wird eine Idee verfolgt, man kann es sich wenigstens, ja man muß es sich so denken. Im Laufe der körperlichen Natur ist das anders. Man kann da nichts andres sagen, als daß Kräfte entstehen und solange auslaufen, als ihr Vermögen dauert. Solange man bei einzelnen stehen bleibt, scheint darin ein Mensch sehr von andren verschieden, verschieden an Tätigkeit, Gesundheit und Lebensdauer. Sieht man aber auf eine Masse von Geschlechtern, so gleicht sich das alles aus. In jedem Jahrhundert erneuert sich das Menschengeschlecht etwa dreimal, von jedem Lebensalter stirbt in einer gewissen Reihe von Jahren eine gleiche Anzahl. Kurz, es ist deutlich zu sehen, daß da eine auf die Masse, auf das ganze Geschlecht, nicht auf den einzelnen berechnete Einrichtung vorherrscht. Wie man sich auch sagen und wie fest und tief man empfinden mag, daß auch darin einzig und ausschließlich eine allweise und allgütige Leitung waltet, so widerstrebt doch nichts so sehr der Empfindung des einzelnen, zumal wenn sie schmerzlich bewegt ist, als dies gleichsam rücksichtslose Zurückwerfen des fühlenden Individuums auf eine nur wie Naturleben betrachtete Masse.

Darum fand man es so empörend, wie einmal kurz nach der Französischen Revolution kalt berechnet wurde, daß die Zahl aller ihrer vor den Gerichtshöfen gefallenen Opfer nur einen in einem ganz niedrigen Bruch auszudrückenden Teil der Bevölkerung Frankreichs ausmache. Dazu kommt noch, daß in dieser Betrachtung der Mensch sich mit allem übrigen Leben, auch dem am meisten untergeordneten, vermischt. Sein Geschlecht vergeht und erneuert sich nicht anders als die Geschlechter der Tiere und Pflanzen, die ihn umgeben.

Diese Betrachtungen, die ich die weltlichen nenne, verschlingen also das individuelle Dasein, und da man ihre innere Wahrheit nicht ableugnen kann, so würden sie das Gemüt in öde und hilflose Trauer versenken, wenn nicht die innere Überzeugung tröstlich aufrichtete, daß Gott beides, den Lauf der Begebenheiten und den der Natur, immer so richtet, daß, die Existenz überirdischer Zukunft mitgerechnet, das Glück und das Dasein des einzelnen darin nicht nur untergeht, sondern im Gegenteil wächst und gedeiht. Dies bringt indes mehr die Vernunft zum Schweigen, als es dem Gefühle beruhigend genügt. Die wahre Beruhigung, der wahre Trost oder vielmehr das Gefühl, daß man gar keines Trostes bedarf, entstehen erst, wenn man die weltlichen Betrachtungen ganz verläßt und zur Beschauung der Natur und der Welt von der Seite des Schöpfers übergeht. Der Schöpfer konnte den Menschen nur zu seinem individuellen Glück ins Leben setzen, er konnte ihn weder dem blinden Wechsel eines nach allgemeinen Gesetzen fortschreitenden Lebensorganismus hingeben, noch einem idealischen Zwecke eines lange vor ihm entstandenen und weit über ihn hinaus fortdauernden Ganzen opfern, dessen Grenzen und Gestalt er niemals zu überschauen imstande ist. Jeder einzelne zum Eintritt ins Leben Geschaffene sollte glücklich sein, glücklich nämlich in dem tiefen und geistigen Sinn, wo das Glück ein inneres Glück, gegründet auf Pflichtübung und Liebe, ist. In diesem Sinne regiert und leitet die Gottheit ihn und würdigt ihn ihrer Obhut. In ihm, in dem einzelnen liegt der Zweck und die ganze Wichtigkeit des Lebens, und mit diesem Zweck wird der Lauf der Natur und der Begebenheiten in Einklang gebracht. Nirgends ist diese Vatersorge Gottes für jedes einzelne Glück so schön, so wahrhaft beruhigend ausgedrückt als im Christentum und im Neuen Testament. Es enthält die einfachsten, aber auch rührendsten und das Herz am tiefsten ergreifenden Äußerungen darüber. 1829/D

*

Auch in den Weltbegebenheiten und den Ereignissen, die ganze Staaten erleben, bleibt doch immer das eigentlich Wichtige dasjenige, was sich auf die Tätigkeit, den Geist und die Empfindung einzelner bezieht. Der Mensch ist überall einmal der Mittelpunkt, und jeder Mensch bleibt doch am Ende allein, so daß nur, was in ihm vor- und aus ihm ausgeht, auf ihn Wichtigkeit ausübt. Wie der Mensch im Leben auf Erden mitempfindend, wirksam, teilnehmend, immer sich gesellig entwickelnd ist, so macht er den größeren Weg, der über die Grenzen der Irdischheit hinausreicht, doch allein, und keiner kann ihn da begleiten. Alles Erhöhen der Bildung, alles Verbessern der Dinge und der Einrichtungen auf Erden, alle Vervollkommnung der Staaten und der ganzen Welt selbst besteht nur in der Idee, insofern es sich nicht im einzelnen Menschen ausspricht. Ich meine damit, daß hier auf Erden alles, was sich auf mehrere, auf ein Ganzes, auf künstlich eingerichtete Institute bezieht, doch nur insofern dem Menschen wahren Gewinn bringt, als es in den einzelnen eingeht. Darum nehme ich in allen, auch den größten Weltbegebenheiten immer den einzelnen, seine Kraft zu denken, zu empfinden und zu handeln, heraus. Die Allgemeinheit der Begebenheit macht nur, daß sie zugleich auf viele so wirkt oder durch ein solches Wirken vieler entsteht, und die Größe der Begebenheit, daß sie außerordentliche und ungewöhnliche Kräfte in Bewegung setzt oder zu Urhebern hat. Dadurch verknüpft sich dann auch das Privatleben mit dem öffentlichen. Was man in diesem an dem einzelnen Menschen bemerkt, findet sich auch, nur anders, durch andere Triebfedern in Bewegung gesetzt, zu anderen Handlungen anregend, in jenem. Es ist nur der Schauplatz, der sich ändert, das Schauspiel, der Gegenstand, an dem man sich erfreut, ist derselbe. Sieht man so die öffentlichen Ereignisse an, so gewinnen sie, wenigstens in meinen Augen, ein höheres und lebendigeres Interesse.

1830/D

Wenn man äußerlich stückweise zu wirken scheint, muß man in sich immer das Ganze vor Augen haben. Nur so erhält man auch die Gesinnung, aus der nicht gerade die Klugheit der Ratschläge, aber der Segen des Gelingens entspringt. Denn was in den Weltbegebenheiten den Ausschlag gibt, ist die Kraft des Guten, die unsichtbar und unbegreiflich sich Achtung erzwingt und das Böse niederschlägt, das nie durch sich selbst siegt, sondern nur dadurch, daß die Kraft des Guten fehlt. Darum wird auch alles Große nur durch Opfer errungen, weil in ihnen die Kraft des Guten am meisten lebendig wird.

1813

*

„Man trägt in das Gefühl des Lebens keine Einheit, wenn man die Gegenwart sozusagen nicht schon als gewaltige Geschichte betrachtet — aber ach, die Schmerzen des Herzens, die die es treffen und die, die es ahndet, widerstreben dieser großen Ansicht, und doch drängt sich's einem mit jedem Moment auf, daß es so ist und daß das gewaltige Schicksal jeden Moment, den des unaussprechlichen Schmerzes wie den der höchsten Freude, nur immer zurückdrängt in die Vergangenheit." *Caroline an H. am 9. 8. 1813*

Gewiß drängt das Schicksal, trotz Schmerzen und Freuden des Augenblicks, alles in die Vergangenheit zurück und macht dadurch die Zeit zur mächtigsten Herrscherin über die Menschen. Hierin liegt etwas Niederschlagendes, daß dasjenige, was uns am nächsten trifft, die Gegenwart, ihre Geltung verliert, aber auch etwas Erhebendes, daß der ewige Wechsel, in dem alles fortfließt, zur

Verherrlichung eines großen, allumfassenden Daseins dient. 1813

*

Von den Lenkern der Geschicke

Über die wahren Triebfedern der Weltbegebenheiten ließe sich sehr viel und viel Wahres und Schönes sagen. Die Geschichte, wie man sie hat, entwickelt so gut wie nichts davon, am wenigsten die politische. Wo wahre Weltbegebenheiten sind, d. h. Ereignisse, an denen wirklich die Völker von Herzen teilnehmen, sind es die einfachsten und schlichtesten Gefühle, welche den Ausschlag geben. Aber von den meisten Menschen wird auch die Geschichte vornehm behandelt wie die Begebenheiten, die sie selber machen, und damit geht dann alle Kraft und aller Gehalt in einigen Kombinationen auf, die ihre Erfinder wahrlich wenig Kopfzerbrechen gekostet haben. Ich habe dem Gebären solcher Gedanken, mit denen man sich hernach sehr gerühmt hat, beigewohnt und weiß, was daran ist. Auch, weiß Gott! daß ich mich nicht groß dünke, wenn ich selbst so einen zur Welt bringe. Erraten, was das Schicksal und der einfache Sinn, der es ahndet, will, dahin gelangen auf der Spur des Rechten, und ihm nur den Weg zu bahnen, statt ihm überall Hindernisse zu setzen, das ist, was einen echten Staatsmann bezeichnet, wovon aber selten einer nur einen entfernten Begriff hat. 1814

Es ist überhaupt etwas sehr Eigenes, wenn man sich einmal gewöhnt hat — und auch von Natur dazu neigt —, die Welt mehr wie ein Schauspiel als einen Ernst, in den man eingreifen soll, anzusehen, wenn man nicht, durch einen einzelnen und daher immer einseitigen Eifer angetrieben, annimmt und verwirft, mit sich vereinigt und zurückstößt, sondern neben der glatten immer auch die schroffe, neben der ersprießlichen die verderbliche, neben der schönen und reingestalteten auch die mangelhafte Seite sieht; wenn dadurch der Mut, wenigstens die Freudigkeit gebrochen wird, mit der andere frisch und derb ins Leben eingreifen, und man nun doch im Innern des Gemüts eine idealische Form mit Sehnsucht umfaßt, der wohl das All, aber nie ganz das einzelne, bald weil es seine Natur so hoch nicht trägt, bald weil das Geschick es bindet und hemmt, entspricht. 1809

*

Beschauungslust des Lebens

Neben dem, was man etwa handelnd und redend ausrichten kann, ist doch im Leben das Anschauen, Versuchen und Sammeln von Erfahrungen das Nützlichste und wenigstens bei weitem das Unterhaltendste. Es kann zwar sein, daß das nicht so in jeder Natur ist, aber der meinigen ist es, vielleicht sogar mehr als billig, eigen, das Leben wie ein Schauspiel anzusehen, und selbst wenn ich in Lagen war, wo ich ernsthaft selbst mithandeln mußte, hat mich diese Freude am bloßen Zusehen der Entwicklungen der Menschen und Ereignisse nie verlassen. Ich habe darin zugleich eine große Zugabe zu meinem inneren Glück und eine nicht geringe Hilfe bei jeder Arbeit selbst gefunden. Das erste ist leicht begreiflich und entsteht auf doppelte Weise. Zuerst hat man die positive Freude am Anblick der wirkenden Kräfte, am Weiterrücken der sich in uns unbekannten Ursachen fortflechtenden Dinge und Ereignisse, und dann wird man gleichgültiger gegen den Ausgang, insofern dieser nämlich bloß uns selbst betrifft. Denn der Anteil an andern kann dadurch auf keine Weise geschwächt werden. Im Handeln selbst aber gewinnt man dadurch Ruhe, Kälte und Besonnenheit. Besonders bei großen Angelegenheiten gibt diese Ansicht gerade die Überzeugung, daß sie, wenn sie auch gegen unsre Neigung ausschlagen, einen Gang gehen, der tief in den einmal feststehenden Plänen des Schicksals liegt, und auch nur das Mindeste dieses Planes zu ahnden, ist schon an sich ein über jedes andre gehendes geistiges Vergnügen.

Es versteht sich jedoch von selbst, daß diese Beschauungslust des Lebens nie aus bloßer Neugierde entstehen muß, daß sie nicht sein darf, wie vergnügungssüchtige Leute in die Komödie gehen. Sie muß entstehen aus dem lebhaften

Interesse, was man an der Menschheit, nicht bloß an ihrem Glück (denn das Glück ist bei weitem nicht das Höchste), sondern an ihrem inneren Wert, ihrem Wesen und ihrer Natur nimmt, aus dem immer unermüdlichen Streben, eben diese menschliche Natur tiefer in ihrem Innern zu erkennen und, soviel es möglich ist, die Räder zu erahnden, welche die Schicksale der Menschen oft unauflöslich scheinend ineinander treiben und sie dann doch wieder so schonend auseinanderrollen, daß wahre, nur nicht gleich eingesehene Harmonie daraus hervorgeht. So wie alles im Menschen nur auf die Höhe des Gesichtspunkts ankommt, auf den man sich stellt, so ist es auch hier. Ist der Gesichtspunkt der rechte, edel und gut, so kann nichts als wieder Gutes und Edles daraus hervorgehen. 1823/D

*

Gedanken anläßlich eines Gedenktages

Es liegt in der Natur der Dinge, daß ein Ereignis das andere treibt und daß es kaum möglich ist, eines auf sehr lange festzuhalten. Man empfindet die wohltätigen Folgen noch dankbar im Inneren der Brust, man gedenkt der wundervollen Fügung des Schicksals, wodurch die menschlichen Pläne an einem denkwürdigen Tage ein Gedeihen gewannen, aber der frohe, über alles hinweghebende, sich im allgemeinen Jubel ergießende Sinn erstirbt; was kurz nach der Gegenwart als eine ganz außerordentliche Begebenheit, ein wahres Wunder erschien, tritt nun in den gewöhnlichen Lauf der Begebenheiten zurück. Wenn das auch nicht recht sein mag, so ist es doch natürlich und ist, solange die Welt steht, so gewesen.

Ich kann es selbst nicht so sehr tadeln. Alles, was man Staats- und Weltbegebenheiten nennt, hat in allen äußeren Dingen die größte Wichtigkeit, stiftet und vernichtet im Augenblick das Glück, oft das Dasein von Tausenden, aber wenn nun die Welle des Augenblicks vorübergerauscht ist, der Sturm sich gelegt hat, so verliert sich, ja verschwindet oft spurlos ihr Einfluß. Viele andere ganz geräuschlos die Gedanken und Empfindungen stimmende Dinge sind da oft weit mehr von tiefem und dauerndem Einfluß.

Der Mensch kann sich überhaupt sehr frei halten von allem, was nicht unmittelbar in sein Privatleben eingreift. Dies ist eine sehr weise Einrichtung der Vorsehung, weil so das individuelle Glück unendlich mehr gesichert ist. Je mehr der Mensch sich in seine Individualität einschließt, desto mehr geht aus ihr hervor, was segensvoll auf das Gemüt und das innere Glück vieler wirkt. Diese Betrachtungen verrücken zwar die vorherrschenden Ideen über das, was wichtig und unwichtig ist; das für das Wichtigste Gehaltene wird fast zur Gleichgültigkeit herabgesetzt und dem Unscheinbaren große Bedeutung beigemessen. Sie sind aber darum doch nicht minder wahr und werden auch gewiß so von allen empfunden, denen das äußere Weltleben nicht allen inneren Sinn abgestumpft hat. Auch die verschiedenen Epochen des Lebens verändern hierin die Ansicht sehr. Dem Jugend- und früheren Mannesalter sagt alles mehr zu, was auf einen größeren Schauplatz versetzt; im Alter fällt der falsche Glanz von den Dingen, aber sie erscheinen darum nicht ohne Bedeutung, hohl und leer. Man lernt nur das Reinmenschliche in ihnen suchen und schätzen, und dies bewährt sich ohne Wandel, solange man Kraft behält, sich mit ihm in Berührung zu setzen.

1824/D

*

Es ist wirklich einer der schwierigsten Punkte im Menschen, den Anteil, den man an Ideen nimmt, mit dem, welchen man an der Welt nehmen soll, gehörig zu verbinden. Die meisten glauben es darin hochzubringen, wenn sie beides durcheinander mäßigen und in ein gewisses Gleichgewicht bringen und so ein Mittelding werden zwischen Theoretischem und Praktischem. Allein das fühlen wenige, und übt fast niemand, daß man in beidem gleich rein leben, mit beidem gleich vertraut sein und beides gleich gerecht, aber auch gleich streng behandeln muß. Eine Verwechslung der irdischen und überirdischen Sphäre kann einen Menschen, der sich herauszuwickeln nicht Geschicklichkeit oder Mut hat, reinweg um sein Leben bringen. 1814

*

Es kommt im Menschen immer unendlich mehr auf das Wesen als auf die einzelnen Handlungen an. Die gewöhnlichen Menschen richten allerdings nur die letzten, wie es auch die Gesetze tun. Aber die Macht, die die Herzen durchspäht, geht auf die Gesinnung, die Absicht, die ganze Beschaffenheit und Stimmung des Gemüts, und dasselbe tut auch die Geschichte. Jede zusammenhängende Erzählung, welche die Erfolge aus ihren Ursachen zu entwickeln strebt, ist Geschichte und bringt denselben Eindruck hervor, sie möge Weltbegebenheiten oder die Schicksale eines einfachen Privatlebens zum Gegenstande haben. Überhaupt wünscht man ja nicht darum die Begebenheiten eines Menschenlebens zu übersehen, um sich gleichsam zum Richter darüber aufzuwerfen. Die Anschauung eines interessanten Gemütszustandes, die Betrachtung seiner Ursachen und Folgen zieht, ohne daß man nur daran denkt zu urteilen oder zu richten, das Gemüt des Beschauers an, wenn der Gegenstand ihm wert ist und seinen Anteil erweckt, ja, wenn das abgesondert werden könnte, so erblickt man in der einzelnen Gestalt die allgemeine, in dem einzelnen Menschen die Menschheit selbst. 1826/D

Der Mensch ist wirklich zu etwas Doppeltem geboren. Die einen meinen, das Leben und sich selbst zu nehmen, als wäre nur das etwas Wirkliches, das, worauf es ankommt, der eigentliche Zweck; die anderen, als sei es nur eine Form, an der sich die Menschheit wie ein Künstler am formlosen Tone versucht, wo das Dasein untergehen kann, wenn der Gedanke nur Spur zurückläßt. Eine wahre und gänzliche Vereinigung gibt es dazwischen nicht, ebensowenig, als einer zugleich Schauspieler und Zuschauer sein kann. Wer ganz darin ist, schaut nur selten und unvollkommen über sein Glück hinaus, und wem es Bedürfnis ist, zu überschauen, taucht nur selten tief ein.

1809

*

Wie groß auch der Reichtum der Menschen und Dinge ist, wie freilich das eine vom andern übertroffen werden kann, so gibt es gewisse Punkte, bei denen man innerlich mit einfacher aber unumstößlicher Gewißheit fühlt, daß man nach ihm nun der ganzen Mannigfaltigkeit der übrigen Welt nicht mehr bedarf, daß das rollende Rad des Lebens sich im Gleichgewicht gewiegt hat, daß, wenn erst die Erde nicht weit genug schien, die Wünsche befriedigend zu fassen, jetzt das Herz nicht groß genug ist, alles in sich aufzunehmen, was in dem einzigen Punkte verborgen liegt.

1809

*

Ein lebendiges Bild der Welt, gehörig in Einheit gebracht, mit sich wegnehmen, ist vielleicht überhaupt das Beste, was der Mensch tun kann. Was irgend geschehen und auftreten mag in der Welt, findet sich in Grund- und Urideen wieder, wie in ewigen vorbereiteten Bildern, und kein Studium erschöpft je, wie aus jener Einheit die Mannigfaltigkeit hervorgeht und in sie wieder reicher zurückkehrt. Das unmittelbare Ergreifen der Idee im Wirklichen, dies wahre Erblicken des Geistes im Körper, ist zwar in einigen leichten Fällen allgemein genug, aber in seinem ganzen Umfang, in seinem tiefen Wesen so selten, daß es den meisten nur mystisch und lächerlich vorkommt, und doch ist das wahre Begreifen der Welt, die einmal aus beiden besteht, nur durch diesen Sinn möglich. Ebenso das Begreifen des Charakters und der Individualität. 1809

*

Vom
Umgang mit Menschen

Es gibt doch in der Welt nichts Interessanteres für den Menschen als wieder der Mensch. Man kann eigentlich nie genug sehen und nie genug hören. Es entstehen selbst durch jedes neue Gesicht, möchte ich sagen, neue Ideen.
Alle moralischen Fragen, alle tieferen Betrachtungen über Leben und Zweck des Lebens, über Glück und Vollkommenheit, über Dasein und Zukunft gewinnen ein reicheres Interesse, erlauben mannigfaltigere Anwendungen, wenn man sie gleichsam an vielen Menschengestalten einzeln prüfen kann. Denn in jedem, auch selbst unbedeutenden Menschen liegt im Grunde ein tieferer und edlerer Kern, wenn der wirklich erscheinende nicht viel taugt, oder noch edlerer, wenn er in sich gut ist, verborgen. Man darf sich nur gewöhnen, die Menschen so zu studieren, und man kommt unvermerkt aus einem anscheinend alltäglichen Leben in eine ungleich höhere und tiefere Ansicht der Menschheit überhaupt.

1822/D

*

Ich habe es immer zum Grundsatz gehabt, daß man in jedem Alter und jeder Lage sehr zugänglich sein muß, und ich weise auch Unbekannte nie zurück. Man hat gegenseitig Vorteile davon, ein lebender Mensch ist immer ein Punkt, an den sich wieder andres anschließt und wo man nicht berechnen kann, wo und wie es sich wieder zu etwas Erfreulichem gestaltet. Leute aber, die sich mit wissenschaftlichen Gegenständen beschäftigen, haben immer, auch wenn sie im Anfange ihrer Laufbahn sind, ein höheres Interesse als andre, und man geht mit ihnen leicht auch in Dinge ein, die einem nach seiner eignen Lebensweise und Bildung fremd sind. Denn am Ende hängt doch, wäre es auch nur in den höchsten und allgemeinsten Punkten, alles, was mit Ideen ausgemessen werden kann, zusammen, und die Berührung mit Personen verschiedenartiger Ausbildung, wenn diese nur irgendeinen bedeutenderen Grad erreicht hat, wirkt vorzugsweise belebend auf den Geist und verhindert die Einseitigkeit, der man sonst selten und selbst dann nicht entgeht, wenn man auch im Leben sich mit Menschen aller Stände gemischt hat und reich an wechselnden Erfahrungen gewesen ist. 1823/D

*

Gerade in jungen Jahren hatte ich eine Art von Leidenschaft, interessanten Menschen nahezukommen, viele zu sehen und diese genau, und mir in der Seele ein Bild ihrer Art und Weise zu machen. Ich hatte mir dadurch früh eine Menschenkenntnis verschafft, die andren sonst wohl viel später fehlt. Die Hauptsache lag mir an der Kenntnis. Ich benutzte sie zu allgemeinen Ideen, klassifizierte mir die Menschen, verglich sie, studierte ihre Physiognomien, kurz machte daraus, soviel es gehen wollte, ein eignes Studium. Indes hat es mir auch für die Behandlung der Menschen im Leben sehr viel geholfen. Ich habe gelernt, jeden zu nehmen, wie er nach seiner Sinnesart genommen werden muß, und, was mir recht und dem Verhältnis gemäß scheint, mit jedem durchzusetzen. Was ich als junger Mensch zur Übung versuchte, hat mir im männlichen Alter oft sichtbar genutzt. 1826/D

*

Man irrt sich in seiner Menschenkenntnis so oft, weil man nicht unterscheidet, was den Menschen eigentümlich ist und was nur aus dem Zusammenhang der Umstände von außen, aus dem inneren Mißverhältnis und Entgegenarbeiten der Kräfte entsteht. Nur aus der eigentümlichen Gestalt läßt sich beurteilen, wieviel ein Mensch je zu werden vermag, und nur durch ihren Anblick läßt sich die Gewißheit über einen Charakter erhalten, die ohne ihn durch das bloße Urteilen aus einzelnen Ideen, Handlungen, Reden alle Augenblicke wankend werden muß, besonders bei Menschen, deren Ideengang schnell und ungleichförmig ist ... Hier, dünkt mich, liegt der Grund, warum die Liebe immer von der Sinnlichkeit unabtrennbar, immer bedürfend der Gegenwart ist. Denn nur das Wahrnehmen des ganzen Menschen in jeder möglichen Art der Äußerung vermag ein Bild der Urgestalt zu geben. Der ganze Körper, vor allem das Auge, ist ihr Abdruck; einmal der Körper in Ruhe, dann aber vorzüglich in Bewegung. Die Schnelligkeit oder Langsamkeit, die Heftigkeit und Ruhe, die Leichtigkeit oder Ungeschicklichkeit, die Feierlichkeit oder Einfachheit der Bewegung in ihren kleinsten Graden und feinsten Nuancen sind eigentlich das, woraus man die Natur der Empfindung, die Weite, Tiefe, Lebhaftigkeit berechnen kann. 1790

*

Nur der Mensch ist es eigentlich, auf den sich alles Wissens schrankenloser Kreis zurückzieht. Er ist des Menschen ewiges, nur bald mittelbares, bald unmittelbares Studium. Aber meist vermögen wir ihn nur zu erkennen an kalten, toten, unfruchtbaren Zeichen, meist wird uns nur die Summe seiner Wirkungen, nicht sein inneres, lebendiges, ewig reges Wirken offenbar. Daher kommt es, daß wir so viel Wert, ich möchte sagen, so einzigen auf die Resultate der Dinge legen, daß wir die Kraft vernachlässigen, wie sie an sich ist und wirkt. Und das ist nicht Fehler einer schiefen Richtung des Geistes, einer falschen Bildung;

es geschieht, weil, um der Seele unmittelbares Dasein zu sehen, die Seele die Seele ergreifen, erwärmen, mit sich vereinen muß. 1791

*

Überhaupt zeigt man in der Geschichte zu wenig den Menschen. Das, was eigentlich überall Zweck ist, die Art des Seins des einzelnen Menschen, wird so oft und auch in der Geschichte als Mittel zu Zwecken angesehen, die nicht selten nicht mehr als Worte sind. Es scheint so simpel, eben dies innere Sein des Menschen überall zum letzten Gesichtspunkt zu nehmen, und doch ist es beinahe unbegreiflich, wie fast alle Betrachtungen aller Wissenschaften eine verschiedene Gestalt erhalten, wenn man diesen Gesichtspunkt streng ins Auge faßt. Vorzüglich kommt es wohl daher, weil man in einem Studium, und gerade im wichtigsten, noch ganz zurück ist. Dies ist eben das Studium des Menschen in sich, wie er ist und wie er sein soll. Auch hier nimmt man immer fremde äußere Gesichtspunkte, und daher entstehen dann alle die Sätze, die ein richtiges, nicht mißgeleitetes Gefühl für irrig erklärt. 1791

*

Es ist mir immer klarer geworden, daß die Individualität, die Art, wie man sich selbständig und von anderen getrennt fühlt, eigentlich das ist, worin das Geheimnis des Menschendaseins ruht.
1816

Über: jemand nach seinem Charakter behandeln

Ich tue es immer, einesteils weil es leicht zum Zwecke führt, dann weil ich nicht berufen bin, auf den Charakter der Menschen gegen ihren Willen einzuwirken, endlich weil die Menschen dabei glücklich und heiter bleiben und man gern Glück und Heiterkeit um sich verbreitet.
Allein was mich selbst betrifft, so wünsche ich immer und tue alles dazu, daß mich die Menschen nicht nach meinem Charakter nehmen mögen. Denn was heißt dann das anders, als den Charakter, wie er nun einmal ist, für abgeschlossen und unveränderlich annehmen und ihn in allem, was er in sich enthält, zu bestärken? Nun aber ist keines Menschen Charakter fehlerfrei, es heißt also auch den Menschen in seinen Fehlern bestärken. Ich weiß wohl, daß es mich manchmal tief schmerzt, wenn ich gegen meinen Charakter behandelt werde, allein ein solcher innerer Schmerz ist allemal heilsam, und das wahre Glück beruht gar nicht auf Schmerzlosigkeit. In dem Grade nun, daß die Menschen meines vertrauten Umgangs mir zu erkennen geben, daß sie auch gern mit Kraft und Selbstverleugnung an sich arbeiten, daß sie heilsame Schmerzen nicht scheuen, behandle ich auch sie weniger mit Rücksicht auf ihren Charakter, und so könnte ich wohl bisweilen gegen die, welche mir innerlich am nächsten stehen, gerade am wenigsten schonend erscheinen.

1822/D

Es ist eigen; wie jeder Mensch so seine eigene Weise hat, die ihn, wenn er wirklich innere Kraft und Gehalt hat, niemals verläßt. Aber es ist schon sehr viel gewonnen, wenn er nur nicht seine Weise gerade für die beste hält und geltend machen will, wenn er sie gern und völlig unterordnet und sich mit Liebe und stiller Würdigung an das Höhere und Bessere anschließt. 1826

*

Wenn man sich wirklich Charaktere und Handlungen vorstellt, wenn man sie zu zeichnen versucht, so muß man es notwendig ganz und vollständig tun; die guten und trefflichen Seiten würden vielleicht mehr, aber nicht wahrer hervortreten, wenn man sich aller Züge enthalten wollte, die überhaupt oder nach dieser und jener Beurteilung einen leichten Schatten darauf werfen könnten. Ehrfurcht und Liebe, noch mehr, wo Dankbarkeit zu beiden Seiten hinzutritt, hängen glücklicherweise nicht von ängstlicher Abwägung des Verdienstes und der Schwächen derjenigen ab, denen sie gezollt werden. Sie beruhen auf ursprünglichen Banden (wie zwischen elterlicher und kindlicher Liebe) oder auf einem Gesamtgefühl des Wesens, das man hochschätzt und liebt und das immer dasselbe bleibt, wenn auch kleine Mängel, ja oft selbst größere erkannt werden.

1824/D

*

Zur Physiognomie

„Die neue Dame finden einige Leute hübsch, weil sie lebhafte Augen hat. Wie es aber immer geht, wenn man nichts als Augen hat, wenn sie sie zumacht, sieht sie geschworen wie eine Katze aus."

An C. 7. 1. 1819

Wenn die Augen das einzige in einem Gesicht sind, sind es nie die wahren und eigentlichen, und dann müssen die Augen auch keinen eigentlichen Teil der Schönheit ausmachen, sie müssen nur so auf die außer ihnen und ohne sie bestehende Schönheit den Glanz ausgießen, wie der Himmel auf die Erde. Sie sind ganz etwas anderes als die Schönheit, ein unmittelbares Ausstrahlen der Seele, ein unmittelbares Zusammenknüpfen von Körper und Gemüt auf unbegreifliche Weise. Darin haben nur die Lippen etwas Ähnliches, um die es bei geistvollen Menschen, die gerade diesen Ausdruck besitzen, auch ist, als umschwebte sie der Hauch des Seelenvollen der Rede, die sie gewohnt sind, zu empfangen, und als hinge er in einem Ausdruck, der sich nicht schildern läßt, unaufhörlich an ihnen.

Solche innerlichen Lehren kann man bei sehr vielen, ja ich möchte sagen, bei allen Dingen haben, und es wird dadurch möglich, indem man sich bloß mit dem Äußeren und mit Anderem zu beschäftigen scheint, ein recht durch und durch inwendiges Leben zu führen. 1819/D

*

Über den einfachen Volkscharakter

„Hüttenmeister Böttcher ist Montag krank geworden und hat gleich gesagt, daß er nicht wieder aufstehen werde. In der Nacht seines Todes hat er die Stunde, Mitternacht, richtig bestimmt. Er hat von allen Menschen Abschied genommen und auch den Hüttenleuten sagen lassen, daß er in seiner Todesstunde an sie gedacht."

Der Mut und die Treue so ganz gewöhnlicher Naturen in solchen Augenblicken ist mir immer rührend. Es beweist, daß die menschliche Natur da reiner erscheint, aber auch, daß das Beste und Edelste im Menschen recht wenig von Bildung, Erziehung oder wie man es nennen will, abhängt. Man kann nie genug Achtung für das wahrhaft Menschliche in den Personen ganz ungebildeter Stände, und nie genug Demut haben, wenn man sich manchmal über sie setzt. Das einzelne, gar nicht bemerkbare Zusammenwirken dieses wahren Gehalts im Volke ist die Grundlage des Höchsten in jeder Nationalentwicklung. Alle Bildung würde wie ein Kranz verwelken, den man um einen toten Stamm windet, wenn nicht dieser Stamm ihn durch seine unsichtbaren Kräfte belebte.

1824

*

Selbstkenntnis und Selbsttäuschung

Ich halte die Selbstkenntnis für schwierig und selten, die Selbsttäuschung dagegen für sehr leicht und gewöhnlich. Auf den ersten Blick scheint es allerdings leichter, sich selbst als andere zu kennen, da man sich unmittelbar fühlt, von anderen aber nur Äußerungen wahrnimmt, von denen man erst auf den inneren Grund schließen muß, so daß man bei diesem zwiefachen Verfahren auch einem zwiefachen Irrtume ausgesetzt ist. Aber der Beurteilende ist und bleibt doch von dem Beurteilten getrennt und kann unter allen Umständen seine kalte Unparteilichkeit und ruhige Besonnenheit behalten. Er wird nicht notwendig von dem Gegenstande seiner Beurteilung bestochen oder hingerissen oder auch gegen ihn eingenommen oder mißtrauisch gemacht. Bei der Selbstprüfung ist man allen diesen Gefahren ausgesetzt. Die beurteilende Kraft wird ewig von ihrem Gegenstande affiziert. Beide tragen einerlei Farbe und Stimmung an sich. Man ist bisweilen ebenso geneigt, sich Fehler anzudichten oder die wirklichen zu vergrößern, als das gerade Gegenteil zu tun. Man beurteilt sich auch ungleich in verschiedenen Momenten. Der oft eintretende Irrtum rührt auch gar nicht immer von Mangel an Wahrheitsliebe oder aus Eigendünkel her, sondern entsteht auch bei den reinsten Absichten und dem redlichsten Willen. Denn der Irrtum schleicht sich in die Ansicht und in das Gefühl selbst ein. Die Eitelkeit selbst aber ist von so vielfacher Art, daß vielleicht niemand ist, der es wagen möchte, sich ganz frei davon zu nennen. Man ist es von dieser und jener, aber recht schwer von aller. Einzelne Handlungen und ihre Beweggründe lassen sich noch eher selbst beurteilen. Je mehr es aber auf eine Reihe von Handlungen und den ganzen Charakter ankommt, desto unsicherer wird das eigene Urteil. Darum sind Selbstbiographien nur dann wahrhaft lehrreich, wenn sie eine große Anzahl von Tatsachen enthalten. 1835/D

*

Eins ist mir eigentümlich, das Höchste gerade durch das Medium des menschlichen Wesens zu erkennen, am liebsten die Menschen in ihrem natürlichen Sein und Tun zu beobachten und dadurch auf das Reinste und Höchste zu kommen. In den meisten Menschen schadet die Phantasie dem Gefühl, die Dichtungskraft der reinen Beobachtung der Alltagswirklichkeit und diese jener. Ich gehe am liebsten aus der schlichtesten Beobachtung zu dem über, was sich gar nicht mehr anschauen läßt, und nicht ungern ebendahin aus dem natürlichen, selbst sinnlichen Gefühl. Gerade das Regelloseste, das in der Allgemeinheit am wenigsten Reine und Gesetzmäßige, die Menschen, wie man sie findet und sieht, zu solchem Stoff brauchen zu können, ist schwer und doch unendlich dankbar. Denn wie verdunkelt es auch oft zufällig sein mag, so drückt sich das Höchste doch im Menschen am reinsten aus; wo es sich in der Seele verwischt hat, rettet es sich oft noch in die Form, die ihre ursprüngliche Reinheit sicherer bewahrt; in einzelnen Fällen sieht man es immer in seiner vollen Schönheit strahlen, und wenn man nur erst dahin gekommen ist, recht zu fühlen, daß das höchste Menschliche nur eine hell und rein entfaltete Erscheinung des schlicht und einfach Natürlichen ist, so findet man überall seine Spuren.

Freilich aber erschließt sich das nur einem selbst ähnlich gebildeten Sinn, und je mehr man also auf diese Weise im Leben nur den Menschen sucht und im Menschen das Leben findet, desto reicher, sich selbst genügender, unabhängiger wird man selbst, desto menschlicher und menschlichen Gefühlen berührbarer in allen Punkten seines Wesens und von allen Seiten der Schöpfung her. Das ist es eigentlich, wohin mich meine Natur treibt und worin ich lebe und webe. Hier ist für mich der letzte Schlüssel alles Verlangens, der Hafen, von dem aus man keine Segel mehr spannt. Denn darüber geht nun nichts, das dient nicht mehr zu etwas anderem, sondern hat seinen Zweck und sein Ende in sich selbst. Wer, wenn er stirbt, sich sagen kann: „Ich habe so viel Welt, als ich konnte, erfaßt und in meine Menschheit verwandelt", der hat sein Ziel erfüllt, der kann nicht wünschen, wieder anzufangen, um nun erst das Rechte zu ergreifen. Er hat getan, was im höheren Sinne des Worts Leben heißt. 1804

*

Da sich einmal alles im Menschen vereint, so bleibt er immer der dankbarste Stoff der Betrachtung, und wen unter allen Menschen kennt man wie sich? Ich würde sehr gern mein Leben in den letzten Jahren bloß mit Selbstbetrachtungen beschließen, und wenn ich die letzten sage, so ist es nur, weil man den Faden am besten da aufnimmt, wo man ihn als abgesponnen ansehen kann.

1818

*

Das Beste in einem Menschen geht nie mehr aus ihm heraus, als wenn es ein anderer in lebendiger Vertraulichkeit der Gedanken und Gefühle unmittelbar von ihm entnimmt; dann auch kehrt es allemal wieder höher und reicher in ihn zurück.

1817

Glück und Unglück

Die Begriffe von Glück und Unglück sind selbst bei denen, die richtige Ideen zu haben pflegen, so unbestimmt und so irrig, daß ich von früh an immer gestrebt habe, mir darüber ganz klar zu werden; und wie ich dahin gelangt bin, habe ich gefühlt, daß man des Glückes, bis auf einen gewissen Grad wenigstens, immer sicher ist, sowie man sich von den äußeren Umständen unabhängig macht, sowie man lernt, Freude aus allem Erfreulichen in Menschen und Dingen zu ziehen, aber in Menschen und Dingen nichts eigentlich zu bedürfen. 1823/D

*

Das reine und ruhige Glück, die einfache Übereinstimmung der inneren Empfindung mit der äußeren Lage, läßt vieles im Charakter unentwickelt, und das Höchste und Anziehendste kommt erst hervor, wenn diese Harmonie gestört wird. 1823

*

Sowie etwas Großes in Geist und Empfindung in Übereinstimmung mit seinem ganzen Wesen im Menschen zur Leidenschaft wird, die ihn unaufhörlich begleitet, so ist er glücklich, er möchte auch äußerlich noch so viel darum entbehren oder leiden müssen. Das wahre Unglück ist immer Widerstreit, und das gewöhnlich so genannte fängt erst an, wenn das innere Leben nicht überwiegend im Menschen ist. 1823

*

Mir kommt das Glück wie das Gespinst vor, in das jeder sich auf seine Weise einspinnt. Es wird ihm zum Glück, weil er es so gewollt hat, weil es sich so nach und nach in all sein Tun und Denken eingeschlichen hat, daß der Verstrickte es nun für seine Natur hält. Es ist darum auch nichts falscher, als das Glück nach dem Maße der positiven Freuden zu messen, die es gibt. Mit Freude und Genuß ist es so wenig gleichbedeutend, daß es ja oft in Schmerz und Entbehrung gesucht und empfunden wird, und es hängt lange nicht so von den Dingen ab, denen man es zuschreibt, als von der Kraft und Neigung der Seele, sich aus seiner äußeren Lage seine innere Bestimmung zu machen. Darum bleibe ich auch fest dabei, daß der Mensch des Glückes bis auf einen sehr hohen Grad gewiß ist, wenn er es nur sein will, und daß, wer diesen Sinn in sich zu schärfen versteht, wenig vom Unglück zu fürchten hat.
1823

*

Am Ende liegt doch das Glück nicht im alltäglichen Lebensgenuß, sondern in der inneren Aufregung des Gemüts, und da ist eine der anziehendsten die, wenn es, aus seiner Stelle gehoben, sich in die einspinnt, auf die es beschränkt wird.

1826

*

Überhaupt ist alles Glücklichsein immer entweder nur die Folge e i n e s großen, wirklich vom Schicksal gegebenen Glücks, das durchs ganze Leben genügt, oder es wird nur dem Gemüt durch eine erste Arbeit abgerungen. Alles, was man sonst von Glücklichsein hört, ist nur Komödie, oder Fabel, oder Traum, oder Albernheit.

1814

*

Wenn man mir sagt, daß ich nichts zu meinem Glück bedarf als mich, so kann ich das, wie strenge ich mich untersuche, nicht tadeln. Es ist Frucht eines langen und darauf gerichteten Strebens. Ich lebe in Gefühlen, Studien, Ideen, diese sind es eigentlich, daß ich nichts Fremdes bedarf. Sie sind auf unvergängliche Dinge gerichtet, sie lassen mich nicht sinken, wenn mir Erwartungen fehlschlagen, wie ich es oft, wenn mir Unglücksfälle zustoßen, erlebt habe. Nur wenn man in diesem Sinne nichts bedarf, kann man möglichst frei von Egoismus sein, denn da man für sich nichts fordert, kann man anderen hilfreicher sein. Man genießt auch dann jede Freude mehr, gerade weil sie kein Bedürfnis ist, sondern eine reine und schöne Zugabe zum Dasein. Alles, was dem Bedürfnis ähnlich ist, hat die Eigentümlichkeit, daß man es viel weniger genießt, wenn man es hat, als es schmerzt, wenn man es entbehren muß. Darum aber fühle ich (ich habe es ja mehr als einmal erfahren) den Verlust geliebter Personen wohl eher tiefer als andre, wenn auch mit mehr Fassung und Ruhe. Nur setze ich nicht die Wehmut dem Glück entgegen, sondern teile das Glück in wehmütiges und heitres und setze jenes nicht gegen dieses zurück. 1828/D

*

Ich habe die Stimmung von der Natur empfangen, die ich für eine ihrer wohltätigsten Gaben halte, daß ich das Unglück nie fürchte, ja, wo es mich betraf, und das ist doch einigemal auf sehr harte Weise geschehen, es nur als einen ernsten, aber nicht übelwollenden Begleiter betrachte, dagegen das Glück unendlich schätze, erkenne und genieße. Ich meine das rechte reine Glück, das, von allem Verdienst entblößt, uns die Götter schenken, ohne daß der Mensch dazu das mindeste tut. 1829/D

*

Eine Gabe, die mir nur durch das Glück zufällt, ist mir unendlich lieber als etwas durch mein Verdienst Erstrebtes. Wer mit der ersten beschenkt wird, scheint für das Schicksal Wert und Wichtigkeit genug zu haben, um Gaben auf ihn zu häufen. 1829/D

*

So erfreulich das Glück ist, so macht es nicht immer gut. Ich habe von früh an den Grundsatz gehabt, es nicht zu achten und für mich nie zu suchen, aber viel darauf gehalten, es anderen zu geben, wenn man auch darum manch andere Rücksicht versäumen sollte. Es geht dadurch auf einen selbst eine Art Gewissensruhe über, deren Mangel vielleicht das einzige wahre Unglück ist.
1818

*

Wohl gehört Glück zu allem auch noch so klug Ersonnenen, noch so mutig Ausgeführten. Allein ich behaupte, daß bis auf einen gewissen Grad das Glück wieder mit dem Charakter der Handelnden in Verbindung steht und sich lenken läßt. Ganz freilich nicht. Immer aber läßt sich bei Glück und Unglück eine Übereinstimmung der Handlungsweise hervorbringen, welche das Glück mehr in Verdienst verwandelt und das Unglück gefahrloser und unschädlicher macht. Dazu gehört, daß der Mensch immer genau in sich auf die Art achtet, wie ihn das Schicksal begleitet und sich danach stimmt. Lernt er das recht, so gewinnt er an Spannkraft schon bei der leisen Vorahnung der Widerwärtigkeit. Wenn ich merke, daß etwas schief geht, arbeite ich erst mit rechter Lust, weil dann die Wiederherstellung auch ganz eigenes Verdienst ist.
1814

*

Ich bin überzeugt, daß das Unglück große Seelen manchmal recht aus Liebe verfolgt, um sich in ihnen und sie in sich zu verherrlichen. Denn alles Göttliche — und es gibt nichts Göttlicheres als Glück und Unglück — hat immer einzig die Erzeugung des Großen und Schönen zum Zweck. Alles übrige ist ihm gleichgültig. 1814

*

Das Erste und Wichtigste im Leben ist: sich selbst so zu beherrschen, daß man sich mit Ruhe dem Unveränderlichen unterwirft und jede Lage, die beglückende wie die unerfreuliche, als etwas ansieht, woraus das innere Wesen und der eigentliche Charakter Reichtum und Stärke schöpfen kann. Daraus entspringt dann die Ergebung, die fast niemand hinreichend hat, obgleich alle sie zu haben glauben. Fast alle setzen der Ergebung ein gewisses Maß und glauben der Verpflichtung dazu überhoben zu sein, wenn ihnen dies Maß überschritten scheint. Aus der wahren Ergebung, die immer die Zuversicht mit sich führt, daß eine unermüdet waltende Güte auch die unerwartetsten, widrigsten Geschicke zu einem heilbringenden Ganzen verknüpft, geht die ernste, aber heitre Milde in der Ansicht eines auch oft gestörten und getrübten Lebens hervor. Diese Heiterkeit sich zu erhalten oder in sich zu schaffen, sollte man immer alles nur irgend vom Willen Abhängige versuchen. Man kann es nicht immer ganz erreichen und nicht in allen Augenblicken des Lebens. Sie läßt sich auch eigentlich nicht hervorbringen, sondern muß sich selbst freiwillig erzeugen. Sie bleibt aber da nicht aus, wo ihr der Boden vorbereitet ist, und diese Vorbereitung liegt in zwei Punkten, in einer besonnenen, von Selbstsucht freien, milden Ansicht der Dinge und in einer ruhigen Stimmung des Gemüts. Diese hat man durch Vernunft und Willensarbeit in seiner Gewalt, dahin kann und muß eigentlich Übung und Vorsatz führen. Zur Beruhigung des Gemüts trägt angemessene Beschäftigung viel bei. So kann und darf eigentlich nichts in der Seele vorgehen, was der Mensch nicht nach vorgenommener Prüfung darin duldet oder unterdrückt.

1830/D

*

Mir kommt es immer vor, daß die Art, wie man die Ereignisse des Lebens nimmt, ebenso wichtigen Anteil an unsrem Glück und Unglück hätte als diese Ereignisse selbst. Den eigentlich frohen, heiteren Genuß kann man sich allerdings nicht geben, er ist eine Gabe des Himmels. Aber man kann viel dazu tun, das Unangenehme, dessen für jeden das Leben immer viel herbeiführt, ruhiger aufzunehmen, mutiger zu tragen, besonnener abzuwehren oder zu vermindern. Man kann wenigstens vermeiden, sich unnötige und ungegründete Besorgnis und Unruhe zu erregen.

Wenn man das eine und das andre tut, sucht man sich damit gleichsam frei von der Abhängigkeit der höheren Mächte zu machen; man genießt ja dadurch noch lange kein Glück, man bewahrt sich nur vor zu unangenehmen Empfindungen. Man handelt aber gewiß im Sinne und nach dem Willen des Himmels, wenn man mit so viel Selbständigkeit, als die individuellen Kräfte zulassen, dem Geschick begegnet und sich seinen Einflüssen von innen heraus weniger zugänglich macht.
Allerdings gehört das vollkommene Gelingen unserer Unternehmungen wohl größtenteils der ursprünglichen Kraft an, die der Mensch nicht in seiner Gewalt hat, von einem nicht zu erklärenden, höheren Segen, der einzelne begleitet und wohl auf der Lauterkeit ihrer Gesinnungen beruht. Es scheint, als ob die Gottheit ihren Segen nur in reine Gefäße ergieße. Der Mensch vermag diesen Segen, wenn er ihm entsteht, nicht herbeizaubern. Daß dieser Segen wirklich mit dem Menschen zusammenhängt auf unsichtbare und geheimnisvolle Weise, das glaube ich. 1824/D

*

Daß ein Unglück das andre, aber auch ein Glück das andre nach sich zieht, ist zu einer sprichwörtlichen Redensart geworden, so daß ihm wohl eine gewisse Wahrheit zum Grunde liegen muß, wenigstens eine hinreichende, um die Erscheinung zu einer Volkserfahrung in Masse zu machen.

Eine genaue Untersuchung hält die Sache schwerlich aus. Gewiß kommen Glück und Unglück ebensooft einzeln. Durch ein sehr und tief das Gemüt ergreifendes Schicksal wird nur die Aufmerksamkeit mehr auf ähnliche Ereignisse gespannt, was ich für einen Hauptgrund halte. Wäre es anders und jene Gesellung gleicher und gleicher Schicksale wirklich in der Natur der Sache und der Dinge gegründet, so müßte eine geheime Verbindung zwischen der inneren menschlichen Gemütsstimmung und dem äußeren menschlichen Geschick bestehen und obwalten, eine schmerzliche Stimmung ein schmerzliches Geschick, eine freudige ein freudiges herbeiziehen. Insofern ein weltlicher, menschlich zu begreifender, wenn auch nicht in allen seinen einzelnen Fäden zu erklärender Zusammenhang zwischen jenem Inneren und Äußeren möglich ist, glaube ich vollkommen daran, daß so eins das andere herbeiführt. Allein wo das — nach menschlicher Art zu reden — nicht einzusehen ist, da zweifle ich, daß der Schmerz wie durch eine geheimnisvolle Kraft, gleichsam wie ein geistiger Magnet, Stoff neuer Schmerzen an sich ziehe. Auch zerfällt die Sache in sich, da ja sonst auf ein einmal eingetretenes Unglück kaum je eine freudige Begebenheit folgen könnte, was doch durch die Erfahrung widerlegt wird.

In gutgearteten Seelen ist ein wahrer Schmerz, was auch seine Ursache sein möge, immer ewig, und wenn man behauptet, daß die Zeit oder andere ihm zutretende Umstände ihn minderten, so sind das Worte, die nur für schwächliche Empfindung Geltung haben, die der gehörigen Kraft, das einmal Empfundene dauernd festzuhalten, ermangelt. Die glücklichsten Begebenheiten ändern darin nichts. Auch können in dem wunderbaren menschlichen Gemüt Schmerz und Empfindung eines in anderer Hinsicht glücklichen Daseins gleichzeitig nebeneinander fortleben. Der Schmerz um verlorene Kinder in glücklich lange nachher fortdauernden Ehen ist ein lebendiges, sich oft erneuerndes Beispiel davon. Auch muß es so sein. Der Mensch muß beständig sein und das Schicksal wechselnd erscheinen. Denn in sich hat auch das Schicksal seine, nur von uns nicht eingesehene und nicht erkannte Beständigkeit. 1826/D

*

Außer der allgemeinen Bestimmung des Menschen überhaupt läßt sich aus den Anlagen und Neigungen jedes einzelnen eine ihm noch besonders angehörende herausfinden. Die Erfüllung dieser Bestimmung als inneren Beruf des Lebens anzusehen, ist eine stille oder nicht genug anerkannte Wahrheit. 1832/D

*

Schicksal und Vorsehung

Das ist das, was der Mensch nie genug an der Vorsehung bewundern und wofür er ihr nie dankbar genug sein kann, daß sie die wahrhaft göttlichen Gedanken, die, auf denen unser innerstes Dasein ruht, immer bald im Geiste ganzer Völker und Zeiten, bald in einzelnen Menschen weckt und durchbrechen läßt. 1828/D

Es ist, als ginge das Schicksal absichtlich so verborgene und geheimnisvolle Wege, um die Brust in Leid und Freude zu versuchen, um das Leben zu einem Labyrinthe zu machen, in dem man alle Augenblicke die Gegenstände um sich her verliert, um seine Heimat nur in sich selbst zu finden. Es sind unleugbar zwei verschiedene Gesetze, welche die Welt beherrschen: Leben und Tod und alle Erscheinungen der Körperwelt schreiten kalt und unerbittlich ihren ewigen Gang fort; das Gefühl windet sich durch sie hindurch und bildet und stärkt sich an ihnen und bleibt am Ende Sieger, weil es sich immer unabhängig zu erhalten vermag. Das einzelne empfindende Wesen muß dem allgemeinen lebensuchenden Prinzipe, von dem es doch nur ein einzelner abgesprungener und hell erglommener Funke ist, weichen; daher der ewige unausweichbare Streit des Schicksals mit dem Menschen, da er nur immer das Einzelne verfolgt, nur das Einzelne Freude und Leid in seinem Busen weckt, und jenes immer das Einzelne im Allgemeinen begräbt. Aber zwei Dinge bleiben in diesem Streit unumstößlich gewiß. Der Geist, der Gewalt gehabt hat, sich vom Ganzen loszureißen und sich allein zu denken, der bleibt ewig und hört nicht mehr auf, selbständig zu sein; und zwischen ihm und anderen ihm gleichen gibt es keine andere Nähe und Ferne als die innere Verwandtschaft, das Anziehen des Geliebten und das Abstoßen des Gleichgültigen. 1804

*

Die Dinge der Welt sind in ewigem Steigen und Fallen und in unaufhörlichem Wechsel, und dieser Wechsel muß Gottes Wille sein, da er weder der Macht noch der Weisheit die Kraft verliehen hat, ihn aufzuhalten und ihn zum Stillstand zu bringen. Die große Lehre ist auch hier, daß man seine Kräfte in solchen Zeiten doppelt anstrengen muß, um seine Pflicht zu erfüllen und das Rechte zu tun, daß man aber für sein Glück und seine innere Ruhe andre Dinge suchen muß, die ewig unentreißbar sind. 1828/D

*

Der Verlauf der Zeit hat in sich für mich was Erfreuliches. Die Zeit verläuft doch nicht leer, sie bringt und nimmt und läßt zurück. Man wird durch sie immer reicher, nicht gerade an Genuß, aber an etwas Höherem. Ich meine damit nicht gerade die bloße trockne Erfahrung, nein, es ist eine Erhöhung der Klarheit und der Fülle des Selbstgefühls, man ist mehr das, was man ist, und ist sich klarer bewußt, wie man es ist und wurde. Und das ist doch der Mittelpunkt für des Menschen jetziges und künftiges Dasein, also das Höchste und Wichtigste für ihn. 1829/D

*

Es ist unleugbar, daß nur innere Größe sich eine Harmonie mit dem Schicksal, welches es auch sei, zu verschaffen versteht, diese aber sie auch immer erzwingt. Das Schicksal ist doch nur das tiefe Zusammenwirken der einzelnen Kräfte in ihrem dunkeln, von uns nicht einzeln übersehbaren Wesen, und darum kann jede selbst große und tiefe Kraft mit Sicherheit darauf zählen, mit ihm zusammenzustimmen, selbst wenn es sich feindlich und unversöhnbar zeigt. Denn das Schicksal ist nicht immer gerecht. Hier zeigt sich auch, was dem Altertum gegenüber der modernen Welt zum Vorteil gereicht, daß die Alten nicht so sehr auf ihre Tugend trotzten und von der Weltregierung Lohn und Begünstigung forderten, sondern sie fühlten, der Mensch könne höherem und geheimnisvollem Wirken erliegen, ohne es verschuldet zu haben, daß sie ewige und unumstößliche Gesetze, nicht eine gewissermaßen willkürliche Leitung über Erde und Welt setzten. Daher war ihr Glaube vielleicht minder erhebend mit Trost, aber die Unverbrüchlichkeit des Weltlaufs, in den auch der einzelne Mensch als Ursache verknüpft ist, erschien und war im höchsten Grade mäßigend im Glück und besänftigend im Unglück. 1813

*

Wenn die Hand furchtbaren Schicksals einmal den Menschen berührt, ist das Heilige des Glückes, die reine faltenlose Schönheit dahin, und wohl ist sodann jedes Glück mit Sorge gemischt. Die Mühen des Lebens sind da angegangen und die Schicksale selbst trüben sich, wenn es das Herz einmal ist. Beide stehen in wunderbarer Wechselberührung. Der Schmerz kehrt vertraulicher ein, wo man ihn einmal aufgenommen hat, ach! und man kann ihm nicht zürnen. Er klammert sich im Herzen mit Banden fest, die man nicht lösen kann, ohne sich selbst zu zerreißen. Er gehört dem Menschendasein, dem schwachen und dunkeln eigentlich mehr als die Freude an, und hat wieder eine Ruhe und Stille in sich, der nun kein Schicksal mehr feindlich auflauern kann. 1809

*

Die Kraft der rechten Gesinnung

Die rechte und recht verbreitete Gesinnung steht mit dem Schicksal in geheimem Bunde und wirkt, wie es kein Unheiliger ahndet. Von der Kraft der Andacht haben wenige Menschen einen Begriff, und Andacht ist alles heiße Sehnen nach Einem und einem guten, hohen, heiligen Zweck. Denn die Andacht des einzelnen muß wieder ihre Kraft hernehmen von der Zusammenstimmung mit allem Wohltätigen auf Erden. 1813

*

Wie unendlich wahr ist es, daß es keinen qualvolleren Zustand gibt als den, in sich selbst eine Heimat zu vermissen, in die man ruhig zurückkehren kann, wenn man durch das Schicksal von außen in sich zurückgedrängt wird, Zerstörung in dem zu fühlen, woraus eigentlich allein Ruhe und Festigkeit auf alles andere übergehen kann; wie so wahr ist es auch, daß Umstände und Zufall uns langsam, schrittweise und unvermerkt in Verwirrungen führen, so daß wir am Ende plötzlich tun, wovon wir zuerst uns himmelweit entfernt geglaubt hätten.

Gerade die besten, die gefühlvollsten Menschen sehen sich am ersten auf diese Weise verstrickt. Innere Unbefangenheit, Bewußtsein reiner und schuldloser Gefühle und edler Enthusiasmus fürs Gute führen so natürlich vom gewöhnlichen Pfade ab, und der Mensch vermag so wenig, sobald er sich von dem regelmäßigen Lauf der Dinge verlassen fühlt.

Aber es muß einen zwiefachen Maßstab geben, einen äußeren und gewöhnlichen für den Zustand der bloßen Vernunft und der Kälte, einen inneren für die, die seiner würdig sind, für die Momente des innigsten Gefühls des ganzen Daseins, für die Begeisterung, die nur daraus hervorgehen kann. Das erste ist der Maßstab des Rechts und des Unrechts, die eigentliche Beurteilung der äußeren Handlungsweise; das letzte der Maßstab der Liebe, der gerechten Würdigung des inneren und eigentlichen Lebens.

Der letzte ist nicht weniger streng als der erstere, aber er ist gerechter und minder einseitig; er ist ebenso geschickt, einzelne Handlungen zu beurteilen, als jener, den ganzen Menschen zu würdigen; er darf nie gebraucht werden, wenn erst der Moment des Handelns da ist, aber er ist unentbehrlich, wenn dieser Moment einmal verhallt, der Schritt unwiderruflich getan ist. Woran könnte sich das gebeugte Herz wieder aufrichten, wodurch das zerstörte Gemüt wieder Ruhe gewinnen, als dadurch, daß es auf einmal seinen Gesichtskreis erweitert, in den wunderbaren Fügungen des Schicksals die Enträtselung seines eigenen Versehens sucht und durch die strenge, aber parteilose Betrachtung seines ganzen Wesens wieder Mut und Vertrauen zu sich gewinnt? Jeder, der über sich klar ist, muß in sich unfehlbar einen doppelten Menschen finden, einen, der dem Schicksal befiehlt und sich selbst das seinige bildet, einen andern, der ihm unterliegt und von ihm beherrscht wird. Wehe dem Menschen, der das letzte nie empfunden hätte, er könnte nicht anders als kalt und gefühllos oder gar intolerant und hart sein. 1797

Das ist das eigentlich Geheimnisvolle, Furchtbare, aber auch Wohltätige in des Menschen Existenz, daß er und das Schicksal in zwei verschiedenen Sphären wandeln, die er aber doch, nur in unabsehbaren Fernen, vereinigt erblickt oder ahnt. Der Mensch muß nie nach etwas anderem als nach der Notwendigkeit des Augenblicks handeln; der Erfolg muß ihn unbekümmert lassen; wenn alsdann das Schicksal zu einem großen Glück oder einem großen Unglück lenkt, dann führt ihn Schmerz oder Genuß in eine unbekannte Region ein, dann erkennt er eine ihm unerreichbare und doch verwandte Macht, entdeckt Kräfte in sich, die ihm wirklich bis dahin fremd waren, lernt verknüpfen, was sonst widerstrebend schien, Gewißheit fühlen, wo er sich nur Ahndung erlaubte. So bildet sich das, worauf alle innere Größe und alles innere Glück beruht: der unwiderstehliche Hang, sein eigentliches Dasein nur da zu suchen, wo sich die recht tief empfundene Wirklichkeit in Unendlichkeit auflöst und im handelnden Leben die Ruhe und Besonnenheit, die sich in jeder Lage nur nach demjenigen bestimmt, was der Moment und die Vernunft gebieten. Aus dieser Festigkeit des Handelns und der Ruhe jenes Daseins geht die Kraft hervor, der auch der Glückliche bedarf, das Leben zu ertragen, den Zwiespalt des Geschicks mit den Wünschen der Brust selbst noch zu einer neuen Quelle, wenn nicht des Glücks, doch des Genusses (selbst im Schmerz) und wenigstens immer größerer und tieferer Gefühle zu machen. Dem eigenen Vorwurf kann daher der Mensch nicht entgehen, wenn er handelt, wie er nicht soll; aber Veranlassung eines Erfolges kann er nie sich nennen, und das ist wirklich eine der größten Wohltaten des Himmels, unsere Handlungen gleichgültig gemacht zu haben für den Weltlauf und nur wichtig für die innere Ansicht und die innere Zurechnung. 1804

*

Es ist ein Großes, wenn der Mensch die Stimmung gewinnt, alles, was ihn betrifft, so aufzunehmen, wie es sich mit der Bestimmung des Menschen, sich immer reifer und mannigfaltiger zu entwickeln, am besten vereinigt. Je früher man zu dieser Bestimmung gelangt, desto glücklicher ist es. Man kann dann erst sagen, daß man das Leben wirklich erfahren hat. Und um des Lebens willen ist man doch auf der Welt, und nur, was man in seinem Gemüt durch das Leben errungen hat, nimmt man mit hinweg. 1828/D

*

Es ist im Schicksal der Welt und der Menschen eine eigene Erscheinung, daß gerade das Höchste am meisten dem Leiden und dem Unglück ausgesetzt ist, was sicher darauf hindeutet, daß Genuß und Leiden, Glück und Unglück, wen sie auch treffen mögen, als etwas angesehen werden soll, das bestimmt ist, in noch Höherem aufzugehen. 1817

*

In der Welt der Erscheinungen sind alle Dinge dergestalt verkettet, daß man, wenn man alle Umstände bis auf die kleinsten und entferntesten immer genau wüßte, beweisen könnte, daß der Mensch in jedem Augenblick gezwungen war, so zu handeln, wie er gehandelt hat. Dabei hat er aber doch immer das Gefühl, daß er, wollte er in das hemmende Rad greifen und sich von dieser ihn umstrickenden Verkettung losmachen, es vermöchte. In diesem Gefühl seiner Freiheit liegt seine Menschenwürde. Es ist aber auch das, wodurch er gleichsam aus einer andren Welt in diese eintritt. Denn im Irdischen allein kann nichts frei und im Überirdischen nichts gebunden sein. Der Widerstreit ist nur dadurch zu lösen, daß es eine Herrschaft des ganzen Gebiets der Freiheit über das ganze Gebiet der Abhängigkeit gibt, die wir nur im einzelnen nicht begreifen können, die aber die Verkettung der Dinge vom Uranfange so leitet, daß sie den freien Beschlüssen des Willens entsprechen muß. 1828/D

*

Im Handeln soll der Mensch, solange er lebt, nichts Geborgenes und Gesichertes haben, er soll nie sagen können: das bin ich. In jedem einzelnen Moment soll er die ganze Vergangenheit tragen, und wenn er den Moment fallen läßt, auch sie mit ihm hinsinken. Dagegen schützt auch kein Zurückziehen, kein Suchen der Einsamkeit. Denn ein solcher Schritt, willkürlich vorgenommen, ist ja auch einer in der Kette, die der Mensch, solange er lebt, schwebend erhalten muß. Es frommt und hilft also nichts, als mit Kraft und Besonnenheit und vor allem mit Scheu vor ungerechter Zuversicht vorwärts gehen. 1819

*

Daß die allwaltende Vorsehung die Schicksale der Menschen auch ganz im einzelnen leite, darauf kann nach meiner festen Überzeugung der Mensch mit Sicherheit bauen. Es liegt in der Idee des Weltschöpfers und Welterhalters, es geht aus vielen Stellen der Bibel, des Alten und Neuen Testaments hervor und ist nicht nur eine sichere und fest gegründete, sondern auch tiefe und trostreiche Wahrheit, über welche kein Zweifel bleibt. Der Glückliche bedarf den Glauben, um nicht übermütig zu werden, der nicht Glückliche aber als Halt, und der Unglückliche, um nicht zu erliegen.

Nur in die Ansicht könnte ich nie einstimmen, daß die Gottheit sich um einige weniger mehr kümmert als um andre. Gott kann, und das liegt in der Sache selbst, sein Wohlgefallen besonders auf die richten, die dadurch, daß sie ihm anhängen, eine größere Liebe, Innigkeit und Reinheit des Gemüts beweisen; aber eine ungleiche Verteilung seiner leitenden, sorgenden, belohnenden und strafenden Fürsorge läßt sich nicht, weder mit den Begriffen von seiner Allmacht noch mit denen von seiner Gerechtigkeit in Vereinigung bringen. 1831/D

*

Der Gedanke einer verfolgenden Macht würde mir immer fremd sein. Ich habe mich niemals mit den Vorstellungen vertragen können, die eines solchen, allem Guten feindseligen, am Bösen Gefallen findenden Wesens Dasein annehmen.
Es gibt unleugbar Personen, welchen mehr Widerwärtiges als Glückliches begegnet, und auch die sehr glücklichen haben kürzere oder längere Perioden, wo der Verlauf der Umstände ihnen nicht zusagt und sie gegen den Strom zu schwimmen genötigt sind. Dies liegt aber, auch wo es gar nicht eigne Schuld oder Folge unrichtig berechneter Verfahrungsweise ist, in der natürlichen Verkettung der Umstände, wo das allgemein Notwendige oder Unvermeidliche dem Interesse des einzelnen zuwider ist.
Sehr oft, und dies ist mir bei weitem wahrscheinlicher, kann es auch Fügung der mit weiser und immer wohltätiger Strenge heilsam züchtigenden und prüfenden Vorsehung sein; denn die Züchtigung überirdischer und übermenschlicher Weisheit setzt nicht gerade immer Schuld voraus. Es kann in den Wegen und Pfaden der über alle

menschliche Vernunft hinausreichenden Einsicht liegen, auch ohne Verschulden, zur bloßen heilsamen Zurückführung auch den ganz Schuldlosen zu züchtigen. Auch ist der Beste, wenn er nur die Selbstprüfung mit gehöriger Strenge anstellt, nicht von Flecken rein, und es können in seinen bewußtlosen Empfindungen solche liegen, die ihn zur Schuld führen würden, wo aber der Schuld durch die heilsam angebrachte Züchtigung vorgebeugt wird. Der Mensch selbst ist zu kurzsichtig und sein Blick zu trübe, dies einzusehen, allein die in der Höhe waltende Macht durchschaut es und weiß es zu lenken und zum Besten zu kehren. Alles dies pflege ich mir zu sagen, oft ohne äußere Veranlassung, allein auch besonders da, wo, wie's auch mir geschieht, das Schicksal den Wünschen entgegenwirkt und eine Periode der Widerwärtigkeit oder des wahren Unglücks eintritt. Ich werde dann vorsichtiger als sonst im Handeln, und ohne mich im geringsten beugen oder betrüben zu lassen, suche ich durchzusteuern, so gut es gehen will. Wenn ich sage, ohne mich zu betrüben, so meine ich damit nicht, daß mich die einzelnen Unfälle nicht betrüben sollten, was unvermeidlich ist, sondern nur, daß ich ihr Eintreten überhaupt, die Wendung vom Glück zum Gegenteil nicht als etwas Feindseliges, sondern als etwas Natürliches, mit dem Weltgang und der menschlichen Natur eng Verbundenes, oft sogar Heilbringendes nehme. 1831/D

„Unberufen!"

Man scheut sich gemeinhin, die Dinge zu berufen. Großenteils ist das Aberglauben, aber nicht ganz. Wenn dies Rühmen mit etwas Gutem mit einer vermessnen inneren Zuversicht oder mit großer und angstvoller Bangigkeit vor dem Umschlagen verbunden ist, so schlägt es wirklich leicht um. Man nenne es eine Strafe Gottes, oder man glaube, daß es ein für allemal in der sittlichen Weltordnung so eingerichtet sei, daß das sich Überhebende wieder gedemütigt werden muß, so ist die Sache nicht abzuleugnen. Die Erfahrung lehrt sie, sie liegt im Glauben aller uns bekannten Zeitalter und Nationen, viele haben sie in denkwürdigen Sprichwörtern, andere in Erzählungen, überlieferten und erdichteten, niedergelegt. In furchtsamen oder von solcher Scheu sich zu überheben durchdrungnen Gemütern hat das also ein Streben hervorgebracht, sein Glück lieber zu verbergen, wenigstens nicht laut werden zu lassen, das Schicksal nicht daran zu erinnern, daß es wohl Zeit sei, nun auch einen Wechsel eintreten zu lassen. In Beziehung auf andre hat sich der Begriff des Neides, der Schadenfreude hineingemischt, man hat befürchtet, es sei dies Anpreisen wohl nicht redlich gemeint, habe wohl gar die heimliche Absicht, eine Umwandlung herbeizuführen. Dadurch ist das Anpreisen auch als ein Zaubermittel angesehen worden, und daher muß

man wohl das allerdings alberne Verwahrungsmittel des „Unberufen" herleiten.
Vor geläuterten, auch religiösen Ideen fällt das alles über den Haufen. Wer sein oder andrer Glück aus reiner Freude daran mit Dankbarkeit gegen den Ursprung desselben rühmt, ist gewiß Gott gefällig und setzt sich dadurch, wenn dies nicht sonst in unerforschlichen Planen liegt, keiner Umwandlung als Strafe aus. Vielmehr ist es eine schöne Empfindung, fremdes Glück ohne Neid zu preisen und sich des eignen als einer unverdienten Gabe zu freuen. 1831/D

*

Schmerz wird nur schön und wohltätig, wenn man sich ihm ganz und willig hingibt. Aber unendlich wenige haben dies tiefe und heilige Gefühl, wenige kennen Entsagung und Ergebung in Schicksal und Menschen und führen lieber ein zerrissenes Leben in ewig innerem Eigensinn und Widerstreben. 1813

*

Zur Klage der Vergänglichkeit

„Ach, so geht alles vorüber, teurer Bill, alle Freude, und wir selbst gehn vorüber, und es bleibt keine Spur unserer Freude und unserer Qual." Caroline an Humboldt 8. 5. 1797

Warum suchen wir uns in dem flüchtigen Bewußtsein vergänglicher Geschöpfe, warum nicht in der bleibenden Wirkung, die unser Wesen zurückläßt? Mir ist es ein fester, unumstößlicher Satz: nichts von dem, was ein Mensch je Gutes und Großes wirklich war, geht jemals unter, und wäre es nur das von niemand unmittelbar erkannte Gefühl eines einzigen Augenblicks gewesen. Es prägt sich seinem Wesen, seiner Gestalt ein, es geht von ihm auf andere über, und wäre niemand je zugegen, so prägt es sich, möchte ich sagen, der toten Natur selbst ein. Das Lebendige besiegt immer das Tote und dringt durch und schafft sich Leben und Licht. Werke und Handlungen gehen unter, aber Gesinnungen und Gefühle sind ewig und pflanzen sich mit unbegreiflicher Regsamkeit fort. 1797

*

Schmerz und Wehmut

Ein wahrhaft menschliches und tiefes Gemüt kann den Schmerz nicht scheuen, wenn Natur und Schicksal ihn herbeiführen. Es gibt doch nur *eine* Höhe im Leben, alles Menschliche mit seiner Empfindung ausgemessen, was das Schicksal beut, rein ausgeleert zu haben, und still und milde zu bleiben, daß es sich wieder frei und rein im Busen gestalte. 1808

*

Es gibt viele Schmerzen, und je älter man wird, je verwundbarer und teilnehmender, wenn auch schon stärker, wird man. Die in Jahren mehr Vorgerückten können wirklich mehr tragen, und wünschen, wenn sie fein und zart empfinden, die schonende Hand des Schicksals vorzugsweise der Jugend, die ihrer mehr bedarf, aber die Gewohnheit der Schmerzen macht den Sinn nur empfindlicher und jeden Nerv verwundbarer. Es sind nicht die ungeduldigen Tränen der Jugend, aber die stilleren, in die sich die ganze Seele auflöst, die fließen. Es ist nicht der Schmerz, der wie ein widernatürlicher und darum kurz dauernder Zustand sich aller Kräfte bemeistert und sie lähmt und betäubt, sondern die leise Wehmut, die das ganze Gemüt durchdringt, in ihm heimisch wird, und als sollte sie ewig darin wohnen, ihm sonst Ruhe und Besonnenheit läßt. Aber dafür trägt auch die tiefer wurzelnde Trauer der reiferen Jahre schönere und edlere Früchte und schlingt sich mit Banden um das Herz, denen man doch nicht gram sein kann. Überhaupt kommt Schmerz und Mitleid und alles, was Unglück heißt, mir immer wie eine eigene ungeheure Welt vor, wie die Nachtseite auf der homerischen Welttafel, in der man auch nicht ohne leitende Gestirne ist, wenn man schon der Sonne entbehrt, und die mit Scheu zu fliehen nicht menschlich gesinnt sein würde; sie zieht einen viel eher durch eine geheimnisvolle, wunderbare Kraft manchmal an, daß man um jene Nachtgestalten in der Nähe zu schauen und sich in das tiefste Menschliche zu tauchen, das Leiden wie eine befreundete Macht an sich zieht und darin wirkt und lebt. 1818

Nach dem Verlust seines Sohnes Wilhelm

Es heißt mit rascher Hand in die Wunde des Lebens greifen, wenn man so einen Verlust ganz fühlt, und wund ist immer auch das glücklichste Leben. Wenn es nicht schmerzen soll, will es nur halb berührt sein.
Es ist nicht, daß man litte, aber daß man sehen muß, daß das Schönste getrübt ist, daß man es auch mit dem besten Willen nur immer halb genießt, daß man von allen göttlichen unendlichen Gestalten nur Schatten sieht und nur Schatten ist, das ist das Entsetzliche. Aber ich komme dann auf die tiefe Weisheit zurück: Sich ans Große und Lebendige halten, Schmerz nicht achten, und leben, um das tiefste Menschliche zu fühlen und in sich zu tragen. 1804

*

Es gibt keine Verbindung, die keine Scheidung wäre zugleich, aber darum ist es auch umgekehrt so, und wie man sich vom Irdischen losreißt, umfaßt man das Ewige. Da der Mensch immer zwischen beiden schwankt, verbringt er auch das Leben zwischen Freude und Schmerz, und das Gefühl, das beide verknüpft und in dem beide ineinander übergehen, ist die Wehmut, in ihrer letzten Auflösung nur die tiefe und mit unendlicher Sehnsucht und unendlichem Vermissen verbundene Ahndung dieses Zwitterzustandes der Menschheit. 1815

Ich begreife recht gut, wie man wehmütig und trübsinnig sein kann ohne irgendeine sichtbare Ursache. Im Innern der Brust gehen Dinge vor, von denen die klaren Gedanken keine Ahnung kennen, es steht unmittelbar mit dem Schicksal in Wechselwirkung, und wenn es auch nichts anderes wäre, so empfindet sich in dieser dunklen Tiefe das Geschick der Menschheit in seiner ganzen Wahrheit, seinem Wesen und Sein, und es gibt nichts, was zugleich wehmütiger und freudiger sei als dies. Auch mir geht es oft so, und nicht erst jetzt. Aus der Jugend, von der Kindheit her erinnere ich mich solcher Tage, wo eine Zentnerlast auf dem Gemüt zu liegen scheint, und wo mit der Trübheit der Gedanken auch um das Herz ein deutlicher Schmerz zu fühlen ist, eigener als alle Schmerzen, weil er nicht mehr körperlich scheint. Aber diese Wehmut findet auch immer ihre Auflösung wieder, und man kann ihr nicht gram sein, wenn sie gleich oft zu ergreifend ist, um sie süß zu nennen.

Das innere Weben der Seele bleibt ja immer das Höchste und Beste, und das Glücklichste ist, sich nur mit ihm in sich und anderen zu beschäftigen. In allem, was die Vorzeit und die Gegenwart, die Wirklichkeit und die Dichtung darbietet, ist das einzige anziehende Bemühen doch nur: zu erkennen, zu ahnden, zu raten, welche innere Regungen die menschliche Brust in allen Gestalten der Menschheit füllten und bewegten.

1818

Jedes Dasein ist ein Ringen nach Erhaltung und Selbständigkeit gegen unterdrückende Gewalt und hervor aus der starren Masse bloß toter Natur. Es ist auch jedes Dasein ein Gefühl der Isolierung, der Einsamkeit, eine Sehnsucht nach Vereinigung mit einem anderen, und keine Vereinigung innig, kein Mittel der Verständigung klar und vernehmlich genug. Was man daher Glück nennt und Ruhe, ist meistenteils nur ein Leben in der Sphäre, die nie diese Tiefen der Menschheit berührt. Das wahre, wünschenswürdige Glück kann nur der Glanzpunkt jener tieferen Stimmung sein, wo es gelingt, das eigentliche innere Wesen, seinen innigen Zusammenhang mit allem Großen der Natur so zu fühlen, daß alle Empfindung des Widerstandes und des Ringens verschwindet. Aber wen das Element des Schmerzes und der Wehmut in ungetrübter Reinheit umgibt, der fühlt sich heimisch und wohl darin, dem wachsen unvermerkt die Kräfte der inneren Menschheit, er drückt die Natur inniger an sich, durchdringt sie selbst mächtiger und führt in Genügsamkeit und Entsagung ein reiches und unendliches Leben, das er mit keinem anderen vertauschen möchte. Das inwendige Leben bleibt immer das Höchste! 1810

*

Vom inwendigen Leben

„Das Leben, das innere zumal, ist doch immer ein Fortschreiten, und wenn man auch allgemein Kindheit, Jugend, Reife und Alter unterscheidet, so gibt es unendlich mehr Stufen, die der Mensch durchwandert, die sich nur nicht so recht bezeichnen lassen." 1819

Das innere und äußere Leben ist ein Ganzes, alle Übergänge sind nur allmählich und eins fließt so in das andere über, daß man eigentlich nichts zu betrauern und nichts zu vermissen hat. Es ist wirklich nie genug zu bewundern, welche unendliche und sich immer erneuernde Fülle aus einem einzigen Leben quillt, wie das Denken und Fühlen, das Wollen und Tun immer neue Anregung finden, wenn man sich nur vor irdischer Schwere und irdischem Leichtsinn bewahrt, wenn man Schmerz und Freude innig umfaßt und beide in das Gefühl der Menschheit auflöst, wenn man in allem nur immer das ergreift, was zu neuem inneren Leben führt. 1824

*

Im Gemüt hat man immer etwas wie ein stilles, von Bergen umschlossenes Tal, in dem man frei fortlebt. Aber wahr ist es, daß der Mensch scheu wird, wie er ganz in innerer Freiheit handelt und lebt, daß er sich bald vorkommt, wie ein Flüchtling, der nicht hätte fliehen sollen, bald wie ein Verzückter, der sich schämt, wenn ihn der nüchterne Verstand zurückführt, daß er sich leicht im Unrecht glaubt und recht geflissentlich, um sich zu stärken, in die Reinheit seines Gewissens zurückkehren muß. Darum sind die, welche diese Freiheit lieben und nur in ihr ein wahres Dasein atmen, immer demütig sowie nicht leicht selbstsüchtig, weil sie das meiste, woran sich die Selbstsucht heftet, nicht reizt. 1819

*

Ich habe von jeher eine große Neigung gehabt, mich in e i n e Sache zu vertiefen, und habe oft Gelegenheit gehabt, die Vorteile und Nachteile davon an mir selbst zu erfahren. Denn daß diese Vorliebe für e i n e und dieselbe oft wiederholte Beschäftigung, dies Grübeln über e i n e Idee auch seine beschränkenden und daher schädlichen Eigenschaften hat, läßt sich nicht ableugnen.

Die Vertiefung bringt im Grunde dieselbe Wirkung hervor als die Zerstreuung, sie läßt vieles nicht bemerken, manches ungeschickt betreiben, der Unterschied ist nur, daß der zerstreute Mensch sich in nichts zersplittert und nichts findet noch besitzt, an dem er zu haften vermöchte, daß aber der Vertiefte immer e i n s hat, was ihn für die Vernachlässigung des übrigen entschädigt. Am nachteiligsten empfinde ich diesen Hang, sich einer Sache, die meistens eine innere Idee ist, hinzugeben, dann, wenn ich mich in der freien Natur befinde. Ich liebe sie unendlich, und der Genuß oft selbst einer einfachen Gegend, geschweige denn einer schönen, hat für mich mehr Reiz als fast alles übrige sonst. Aber auch der Eindruck, den die Natur macht, schließt sich immer wieder an den mich innerlich beschäftigenden Gedanken an und verwandelt sich selbst in eine allgemeine Empfindung; dagegen entgehen mir eine ganze Menge Einzelheiten. Ich würde nie zum Naturbeobachter darum getaugt haben und hätte sicherlich mitten unter Pflanzen und Steinen sehr vieles unbemerkt vorübergehen lassen, was ich zu anderer Zeit mit Bedauern innegeworden sein würde.

Indes möchte ich darum diesen Hang zur Vertiefung nicht fahren lassen und ihn nicht bloß nicht mit dem entgegengesetzten Extrem vertauschen, sondern mich nicht einmal gern mit der Mittelstraße zwischen beiden Extremen, die man sonst wohl als die weisere zu preisen pflegt, begnügen. Man lernt doch das, dem man sich so ganz, so ausschließend, so in fester Beharrlichkeit widmet, besser kennen, und je länger man dabei verweilt, desto mehr scheint an ihm in der Betrachtung hervorzutreten. Man kann in der Tat nicht sagen, daß die Dinge der Welt dasjenige, was an ihnen zu sehen ist, offen daliegen haben.

Der eine sieht, was dem andren entgeht, und es ist, als wenn der Blick, wenn er durch gehörige Vertiefung geschärft wird, erst selbst den Gegenstand erschlösse. Die einfachsten Sachen können darum denjenigen, der einmal diesen Hang hat, sehr lange Zeit und nicht auf eine leere, nutzlose Weise beschäftigen. Vorzüglich, finde ich immer, geht bei dieser anhaltenden Betrachtung, wenn sie nicht bloße Gedanken, sondern Gegenstände der Welt betrifft, dasjenige auf, was die Zeit an ihnen gearbeitet hat, die Spur der Vergangenheit in der Gegenwart, ja oft auch die leise Ahndung der Zukunft, welcher die Gegenwart entgegengeht. Darin liegt auch einer der höchsten Reize. Denn alles, was das Laufen und das ununterbrochene Fließen der Zeit versinnlicht, zieht den Menschen unendlich und unnennbar an. Sehr natürlich, da er selbst das Geschöpf der Zeit ist, da seine Schicksale auf ihr wie auf einem immer wogenden Meere schweben, da er nie weiß, ob er sich der Gegenwart sicher vertrauen darf und ob nicht eine trügerische Zukunft seiner wartet.

Das tiefere Eindringen in die Gegenstände, das man dem Hang zur Vertiefung dankt, wäre aber noch der mindere Vorteil. Das viel Wichtigere dabei ist der Gewinn, den der Geist in sich aus diesem Sammeln auf einen Punkt, aus dieser Genügsamkeit mit wenigen Gegenständen, auf die er sich vereinzelt, zieht. Es entspringt notwendig daraus eine größere geistige Innigkeit, eine höhere Wärme, eine Liebe, mit der man das umfaßt, mit dem man sich gleichsam allein in der Schöpfung fühlt. Dadurch wird auf den Charakter selbst gewirkt, oder vielmehr: da nichts Äußeres hinzutritt, sondern dieser Hang aus dem Charakter selbst hervorgeht, entwickelt sich der Charakter und bildet sich zu einer höheren Würde und gehaltvolleren Schönheit aus. Denn es gibt nun Ideen, mit denen er gleichsam zusammengewachsen ist, die er nie aufgeben möchte, die ihn wie beständige Leiter, Freunde, Tröster begleiten, und diese Ideen, die so zu ihm stehen, sind gerade immer die eigentümlichsten, diejenigen, die ein anderer oft gar nicht, oft erst nach Jahren verstehen und begreifen kann, was gar nicht darin liegt, daß sie ihm, wie man es auszudrücken pflegt, zu hoch, zu verwickelt wären, sondern nur darin, daß sie so unzertrennbar mit einem anderen Individuum verbunden sind.

In Ideen dieser Gattung würde ich nie von dem Allerkleinsten ohne vollkommene Änderung meiner früheren Überzeugung zurückgehen; es kann nichts geben, was für dies Zurückgehen Entschädigung gewährte, und welches Opfer auch einer solchen zu tiefer Überzeugung gewordenen Idee gebracht werden müßte, so kann es nie, gegen sie selbst gehalten, zu groß sein. Die Festigkeit aber, die darin sich ausspricht, ist keine eigensinnige, sie entsteht nicht einmal allein aus Verstandes-Überlegung. Denn ob sie gleich an sich aus dem Verstande entspringt, so gesellt sich nun in einem Gemüt, das den Hang besitzt, eine Idee und einen sich mit ihr verbindenen Gegenstand ganz und gewissermaßen ausschließend zu umfassen, dazu Wärme, Empfindung und eigentliche Liebe. Das ganze Leben wird durch diese Stimmung innerlicher, und wo sie recht einheimisch geworden ist, dauert sie auch in der gleichen Innerlichkeit mitten unter großen äußeren Bewegungen fort. Sie macht alsdann denjenigen, welcher sie besitzt, von allen Äußerlichkeiten unabhängiger. Überhaupt wird durch dieselbe das Bedürfnis, sich gerade mit einem äußeren Gegenstande zu verbinden, vermindert. Denn die Liebe, die die bloße innere Idee erweckt, vertritt schon dessen Stelle. Wo aber etwas Äußeres mit der Idee zusammentrifft, da ist nun auch die Wirkung doppelt stark und dauernd. Die Ideen, welche so durch das Leben begleiten, sind auch natürlich zugleich dann die, welche am besten vorbereiten, das Leben auch entbehren zu können. Denn da das Leben vorzüglich nur durch sie Wert hat, sie aber fest mit den tiefsten Kräften des Gemüts und der Seele vereinigt sind, so kann ich mir wenigstens nicht denken, wie nicht mit ihnen gerade auch das Eigenste, was man besitzt, mit einem hinübergehen sollte. Es ist nur zu hoffen und mit Vertrauen zu erwarten, daß sie heller, klarer und in neuer und vielfacherer Anwendung den Geist umgeben werden.

Einzelne, bestimmte Ideen verstehe ich darunter gar nicht, sondern die Beschäftigung mit innerem, tieferem Nachdenken selbst. Dies Nachdenken kann von allem ausgehen und sich an alles heften, nur sein Ziel, der Endpunkt, zu dem es allemal gelangt, ist immer nur eins und dasselbe, nämlich das menschliche Schicksal im ganzen und seine Lösung in dem Augenblicke, wo alles Irdische zurücktritt und seinen Wert verliert und nur das rein Geistige übrig bleibt, dasjenige, was man nur insofern menschlich nennen kann, als der Mensch auch zu dem höchsten bestimmt ist. Bei Privatereignissen des Lebens, bei Weltbegebenheiten, die unter unseren Augen vorgehen, bei Erinnerungen an beide aus vergangener Zeit folgt der Geist immer gern den oft verwickelten Ursachen nach, erforscht die schon sichtbaren oder noch zu erwartenden Folgen und verweilt endlich bei dem Gedanken, wieviel nun zuletzt auf der wahrhaft richtigen Wagschale davon noch Wert haben und welcher dies sein wird.

Wenn ich also von Beschäftigung mit Ideen, Vertiefung in sie, Richtung auf einen Punkt, rede, so meine ich damit nichts Einzelnes, aber das Beschäftigen mit Nachdruck selbst, das Entkleiden der Dinge von ihrem Schein, das tiefe Prüfen seiner selbst und anderer und das Sammeln aller Gedanken auf das, was allein seine Vortrefflichkeit in sich selbst trägt, weil es nicht aus dem Menschen stammt, und was nach richtigem Maßstab erwogen allein verdient, daß der Mensch sich ihm ganz und bedingungslos hingebe. Gelehrte Betrachtungen oder auch nur wissenschaftliche begreife ich eigentlich darunter nicht. Diese können allerdings den Stoff zu jenem Nachdenken sammeln und zubereiten, sie können dasselbe leiten, berichtigen, läutern, allein der letzte Zweck kann nicht in ihnen liegen. Das wahrhaft heilbringende Nachdenken bedarf nur der eignen, in sich selbst gesammelten Gemütskräfte; jeder kann es erreichen, da die Endfäden des menschlichen Schicksals, an die es alles anknüpft, doch von jedem Menschen aufgenommen werden müssen und die Ideen, die dabei in Anregung kommen, in jedem, dem Ungebildeten wie dem Gebildeten, vorhanden sind, nur in verschiedenen Graden der Klarheit und Bestimmtheit. Und da sich diesem Nachdenken zu widmen nicht sowohl tiefe Verstandeskräfte fordert, als nur ein durch Vertreibung aller unrichtigen Begierden, durch Entfernung alles Nichtigen, durch Gleichgültigkeit gegen Genuß und äußeres Glück und durch Selbstbeherrschung starkes und geläutertes Gemüt. Überhaupt aber hat die Beschäftigung der Verstandeskräfte auf den inneren Menschen denselben wohltätigen Einfluß, den die Sonne auf die Natur ausübt. Sie zerstreut die Wolken des Gemüts, erleuchtet und erwärmt und hebt den Geist allmählich zu einer kraftvollen Ruhe. 1824/D

Es ist ja überhaupt die natürliche Folge aller inneren Tätigkeit und jeder recht lebendigen Regsamkeit der Einbildungskraft und des Gefühls, daß dadurch die wirklichen Ereignisse des Lebens mehr in Schatten treten. Das zu große Gewicht dieser, ihr zu helles Licht zu vermindern, ist immer heilsam, das Unglück schadet und drückt dann weniger, und das Glück fesselt nicht an seinen Genuß und macht den Gedanken erträglich, daß es, immer leicht beweglich, vielleicht nicht immer bleiben wird. 1830/D

*

Es ist immer meiner Überzeugung nach besser, wenn das Innere nach außen, als wenn umgekehrt das Äußere nach innen strömt. Es scheint zwar wohl, als könnte sich das Innere nur von außenher bereichern und befruchten; allein dies ist ein trügerischer Schein. Was nicht im Menschen ist, kommt auch nicht von außen in ihn hinein; was von außen in ihn eingeht, ist nichts als ein zufälliger Anhalt, an dem sich das Innere, aber immer aus seiner nur ihm angehörenden eigentümlichen Fülle entwickelt. Sowie ein tiefer und reicher Gehalt inwendig vorhanden ist, so kommt es niemals so viel auf den äußeren Anlaß der Entwickelung an. Jeder, auch der kleinste, ist hinreichend, während bei mangelndem inneren Gehalt auch der reichlichste äußere Zufluß wenig oder nichts hervorbringen würde. 1829/D

Das Größte und Schönste, das Menschen zu erkennen imstande sind, bleiben doch die reinen, nur mit dem inneren Blick erkennbaren Ideen. In ihnen zu leben ist eigentlich der wahre Genuß, das Glück, was man ohne Beimischung irgendeiner Trübheit in sich aufnimmt. Nur haben wenig Menschen eigentlich Sinn dafür. Denn es gehört dazu eine Neigung der Beschauung, die in Menschen unmöglich ist, bei denen Sinnlichkeit und innere moralische Empfindung in Verlangen zur Wirklichkeit und zum Genuß übergehen. Ich bin von diesem Verlangen mein ganzes Leben hindurch sehr frei gewesen und haben daher mehr durch den Anblick vom Inneren und Äußeren genossen und in beiden Rücksichten mehr die Wahrheit der Dinge erkannt, ohne mich Täuschungen hinzugeben. 1826/D

*

Lebensmaximen

Das Unbestimmbare, was der Mensch, der zum erstenmal atmet, werden kann, ist unendlich schön und wahrhaft göttlich in der Welt. Eine Größe, wie nie die Erde sie gesehen hat, kann doch eigentlich in jedem Kinde verborgen liegen. 1814

Die erste Richtung, welche der Charakter nimmt, halte ich für das eigentlich Entscheidende im Menschen, für den Punkt, den die Erziehung nicht herbeiführen kann, zu dem sie aber den Zugang, soviel es nur geschehen kann, immer offen halten muß. Bei den meisten Menschen kommt das nicht zur Sprache. Sie leben im Geschäft oder Genuß des Daseins, ohne je gleichsam draußen auf sich selbst zurückzusehen. Haben sie das Glück, in Geschäften und Genüssen nur das Gewöhnliche zu retten und behaglich zu finden, so geht alles seinen Gang prächtig fort, und es sind dann die ruhig und nützlich glücklichen Menschen. Verlangen sie mehr, so entspricht oft die Wirklichkeit ihren Erwartungen nicht, sie sind erst unruhig, intrigant im Leben oder ausschweifend im Genuß, und es folgt dann mehr oder minder Mattigkeit, aber sie fühlen doch eigentlich nur das was ihnen abgeht, nicht aber deutlich, daß sie selbst mit diesem Abgehenden nun unnütz für die Welt und eigentlich verfehlt in ihrem ganzen Dasein sind. Sie haben kein Zentrum gefunden und können keins finden, der wahre, tiefe, innere Mensch in ihnen und anderen ist ihnen nie bis zur Anschauung klar geworden.

1810

*

Ich halte sehr viel auf das Element, in dem man lebt, es ist sogar meines Bedünkens das echte Glück, das man sich schaffen kann, sich mit dem rechten zu umgeben, und alles Haschen nach diesem oder jenem Genuß ist nichts dagegen und nur ein unverständiges Streben. Was auch so errungen werden mag, steht immer einzeln da und erhält erst seinen Wert, wenn es in die Vergangenheit tritt und nun zur Erinnerung wird, dem wohltätigsten aller inneren, geistigen Elemente.

1815

*

Die Menschen sind wunderbar und wissen selten ihr eigenes Bestes. Es ist auch schwer zu wissen, allein darum halte ich so unendlich viel darauf, seine Handlungsweise nur so viel als möglich nach notwendigen Motiven zu richten, sie so einfach als möglich zu machen, und ja nicht viel positiv vorzunehmen mit sich, um sich in diese oder jene Lage zu bringen, da aber, wo man handeln muß, rechte und durchaus reine Triebfedern zu haben. Man erleichtert sich so das Durchkommen, kann wohl etwas versäumen und verfehlen, aber nicht leicht verderben. 1818

Der Wille, den man in eigentlichen Handlungen übt, hängt schrecklich vom Schicksal und selbst von solchen Zufälligkeiten ab, die man nicht gern mit dem Namen des Schicksals beehrt. Aber der Wille, der tiefer in der Seele liegt, der die ganze Handlungs- und Lebensweise betrifft, an den glaube ich unendlich. Darum überlasse ich gern die einzelnen Dinge dem Zufall, wirke wenig geradezu ein, aber beharre fest auf meinem Wollen und benutze lieber die Umstände, wie sie sich finden, als daß ich sie selbst geflissentlich hervorbringe. Auf diese Weise zwingt man die Menschen sehr bestimmt, indem man ihnen anscheinend und wirklich viel Freiheit läßt und bestimmt am Ende doch selbst sein Schicksal.

1809

*

Der Mensch kann das Leben zu dem machen, was er will, und ihm so viel Wert für sich selbst und andere geben, als er Kraft hat, es zu tun. Freilich versteht sich das von selbst nur in sittlicher Hinsicht, da der Mensch die äußeren Umstände nicht in seiner Gewalt hat und nur über sein Geistiges und Moralisches, über dieses aber ganz gebieten kann. Darum hat das Leben auch in bedenklichen Lagen, wenn man sich nur dabei in irgend ruhiger Besinnung erhalten kann, im eigentlichsten Verstande einen unschätzbaren und gar nicht zu berechnenden Wert. Man muß sich meiner innigen Überzeugung nach selbst anklagen, wenn es einem leer an Interesse und an Freuden erscheint. 1826/D

*

Wirkliche Macht und Herrschaft immer nur durch den Einfluß auszuüben, den man durch das innere Sein, wie es sich ankündigt, haben kann, daran muß man unablässig arbeiten, und dies innere Rückwirken auf sich selbst muß nie einen Stillstand erleiden. Je mehr und leichter die verschwindende Jugend zu Starrheit und Eintönigkeit führt, desto mehr muß man Frische und Neuheit in sich erhalten, nur immer wenig zu erwarten und Unendliches noch zu erringen glauben, vor allem aber immer demütiger werden und anspruchsloser, sich immer williger beugen unter höhere, innere Gefühle und der Gewalt langbewährter Liebe, tiefer in den eignen Busen greifen, ernster mit sich und sanfter mit anderen, immer williger auch das eigenste Glück, wenn es nötig wäre, denen opfern, die man liebt, immer unbedingter nur für sie leben und sich eine Einsamkeit bauen, die kein Gefühl des Unmuts von der Außenwelt trennt, aber die still zurücktritt, wo ihm die Begegnung versagt wird. Nur so bildet sich eine Kraft, die, vom Höchsten genährt, als Macht und ohne falsche Schonung gegen das minder Hohe auftritt, die wohl versteht, andere zu beherrschen, nachdem sie sich selbst beherrscht hat, und es übt, wo sie es will, der im Innern nichts widerstehen mag, und die im Äußeren manchen Widerstand überwindet, weil am Ende das Schicksal, wie blind man es auch nennt, doch immer der Kraft und am liebsten der höchsten zusagt. 1810

*

Es ist und bleibt einmal wahr, daß nichts im Leben gedeiht, wenn das Herz nicht eine gewisse innere Wärme und der Geist eine heimliche, einsame Tiefe behält, in der er sich nur mit wenigen, ja mit sich selbst nur in seinen besten Momenten versteht. Es ist das innere, freiwillige Wirken der ursprünglichen Charakterkraft, die aus der ganzen Erfahrung des Lebens schöpft, aber ohne die auch die reichste tot und alles Wissen leerer Buchstabe ist. Es ist das einzige, wodurch der Mensch mit etwas Höherem zusammenhängt und woran man die erkennt, mit denen es möglich ist, auch nur ungefähr zu sympathisieren. 1797

*

Es kommt nicht eigentlich darauf an, glücklich zu leben, sondern sein Schicksal zu vollenden und alles Menschliche auf seine Weise zu erschöpfen. Das isolierte Dasein, das man jetzt allein fühlt, kann nicht alles sein und nicht ewig dauern. Wie unbegreiflich es auch sei, so ist der einzelne

immer nur Ausfluß einer Kraft, von der er nur einen Teil empfindet, die er aber ausspinnen muß und rein ausspinnen, um die Wahrheit, das eigentliche Wesen wiederzugewinnen, in dem dann nicht wieder ein Kampf mit einer entgegengesetzten, in dem eine volle ungeteilte Empfindung ist, wo das Schicksal aufhört, sich der Empfindung entgegenarbeitend zu zeigen, und Schmerz, Verlust, Trennung sich nun als Irrtümer auflösen, als schwere Träume zerstreuen.
Es kommt nur darauf an, das innere Wesen festzuhalten, mit einer Art schonungsloser Kühnheit ins Leben einzugreifen und es auszuleben. Denn das, was dem nachstrebt in uns, ist Wahrheit und reines Urwesen, und alles andere muß vergehn, weil man ihm gleich anfühlt, daß es vergänglicher Stoff ist. 1804

*

Das wahre Gemüt im Handeln ist, seine Pflicht tun, sich und seine Neigungen hintansetzen und am Guten in Dingen und Menschen festhalten und es nicht untergehen lassen. 1817

*

Man muß dem äußeren Gesetz immer das innere Leben opfern und dies immer doch, indem man es opfert, zu retten wissen. Nur so kann man frei zum Himmel auf und heiter in sich hineinsehn. 1813

*

Wenn eine gewisse Tüchtigkeit des praktischen Tuns, eine große Treue und Anhänglichkeit an die natürlichsten Verhältnisse nicht zugleich mit etwas eigentlich Idealischem in Geist und Gemüt verbunden ist, so ist neben der Stärke immer auch das Ausschließende da. 1819

*

Alles im Menschen kommt auf die Mischung und das Verhältnis zwischen Wirklichkeit und Ideen in ihm an. Darin liegt das Geheimnis des Charakters, und das allein ist es, was dem Gemüt Farbe und Ton gibt. Die Menschen, die sich sonst in allem fast gleich sind, gehören dadurch wie in zwei verschiedene Klassen, und dies selbst bewirkt wieder die Phantasie, die nur gewöhnlich in einem viel beschränkterem Sinne genommen wird. 1819

*

Jeder Mensch trägt eigentlich, wie gut er sei, einen noch besseren Menschen in sich, der sein viel eigentlicheres Selbst ausmacht, dem er aber wohl einmal untreu wird; und an diesem inneren und nicht so veränderlichen Sein, nicht an dem veränderlichen und alltäglichen muß man hängen, auf jenes dieses zurückführen und manches verzeihen, woran jenes tiefere Sein unschuldig ist.

1824/D

*

Ein lebendiges Bild seines Innern muß sich jeder immer machen. Es ist gewissermaßen der Punkt, auf den er nachher alles andre bezieht.

Man muß darum auch in diesen Selbstforschungen nicht streng bloß bei demjenigen stehen bleiben, was Pflicht und Moral angehet, sondern sein inneres Wesen in seinem ganzen Umfange und von allen Seiten nehmen. Wirklich ist es ein viel zu beschränkter Begriff, wenn man sich selbst gleichsam vor Gericht ziehen, nach Schuld und Unschuld, Sünde oder Tugend fragen will. Die ganze Veredlung des Wesens, die möglichste Erhebung der Gesinnungen, die größeste Erweiterung der inneren Bestrebungen ist ebensowohl die Aufgabe, welche der Mensch zu lösen hat, als die Reinheit von dieser oder jener pflichtwidrigen oder nicht sittlichen Handlung.

Es gibt auch im Sittlichen Dinge, die sich nicht bloß unter den Maßstab des Pflichtmäßigen und Pflichtwidrigen bringen lassen, sondern einen höheren fordern. Es gibt eine sittliche Schönheit, die so wie die körperliche der Gesichtszüge eine Verschmelzung aller Gesinnungen und Gefühle, einen freiwilligen Zusammenklang derselben zu geistiger Einheit erheischt, die sichtbar zeigt, daß alles einzelne darin aus e i n e m aus der innersten Natur stammenden Streben nach himmlischer Vollendung quillt und daß der Seele ein Bild unendlicher Größe, Güte und Schönheit vorschwebt, das sie zwar niemals erreichen kann, aber von dem immer zur Nacheiferung begeistert zu werden allein zum Übergange in höheres Dasein würdig macht. 1824/D

*

Das aber ist wirkliche Pflicht und ist auch das natürliche Streben jedes nicht bloß an der irdischen Wirklichkeit, ihrem Gewirre und ihrem Tande hängenden Menschen, in den Kreis von Begriffen, die er besitzt, Klarheit, Bestimmtheit und Zusammenhang zu bringen und nichts darin zu dulden, was nicht auf diese Weise begründet ist. Dies ist das, was man das Denken des Menschen nennen kann. Dazu ist das Wissen nur das Material. Es hat nicht einen absoluten Wert an sich, sondern nur einen relativen in Beziehung auf das Denken. Der Mensch muß also nicht anders lernen wollen, als um sein Denken zu erweitern und zu üben, und das Denken muß immer mit dem Wissen gleichen Schritt halten. Das Wissen bleibt sonst tot und unfruchtbar.

1826/D

*

Es liegt gewiß das Fundament jedes Guten nur im Willen. Wer sich nicht gewöhnt hat, sich selbst vollkommen zu beherrschen, sich, was in allen Lagen angeht, einen Kreis von Pflichten vorzuzeichnen und seine augenblicklichen Launen, Empfindungen, Verlangen, dem still als eine natürliche Schuldigkeit unterzuordnen, der kann sehr gut, sehr talentvoll sein, aber er bringt sich selbst immer um das Letzte, was alle diese Eigenschaften erst in Eins zusammenschließen und verbinden würde. Statt daß er andere durchaus und gleichmäßig glücklich machen sollte, wird er selbst immer durch ihre Liebe und ihre Nachsicht großenteils getragen werden müssen. 1815

*

Die meisten haben in ihrem Leben höchstens einen Augenblick eine dunkle Ahnung dessen, was eigentlich das Leben ist. Hernach verlassen sie entweder diese besseren Gefühle ganz oder tragen sie schwärmerischerweise in eine Wirklichkeit über, in die sie nicht gehören, und vermischen beständig das Innere mit dem Äußeren, auf dessen reine Scheidung alles ankommt. Sie glauben immer, das Leben müsse einen anderen Zweck haben als das Leben selbst, da es doch nichts sein sollte als eine ewige Sehnsucht, sich tiefer und tiefer in das Schicksal der Menschheit zu versenken, von dem nie anders etwas ergründet, dem man nie etwas ablernt, als dadurch, daß man sich selber, in seinem ganzen Sein und Wesen, mehr und tiefer ihm gemäß stimmt. Wer nicht diese innere Existenz mit Sorgfalt hegt, wer nicht schon eine unwiderstehliche Begierde in sich trägt, die ganze Menschheit rein durch sich selbst auszumessen, wer gar dies höchste Dasein äußeren, auch noch so guten Zwecken unterordnet, der ist immer von der wahren Absicht entfernt.

1804

*

Das Leben recht eigentlich in allen seinen guten und bitteren Momenten durchzuempfinden und das Tiefste und Eigenste, was die Brust in sich schließt, seinen äußeren Einwirkungen entgegenzustellen, ist nicht nur eine Pflicht; es wäre auch widersinnig, es nicht zu tun. Das Dasein des Menschen dauert gewiß über das Grab hinaus und hängt natürlich zusammen in seinen verschiedenen Epochen und Perioden. Es kommt also darauf an, die Gegenwart zu ergreifen und zu benutzen, um der Zukunft würdiger zuzureifen. Die Erde ist ein Prüfungs- und Bildungsort, eine Stufe zu Höherem und Besserem, man muß hier die Kraft gewinnen, das Überirdische zu fassen. Denn auch die himmlische Seligkeit kann keine bloße Gabe, kein bloßes Geschenk sein, sie muß immer auf gewisse Weise gewonnen werden, und es gehört eine wohl erprüfte Seelenstimmung dazu, ihrer durch den Genuß teilhaftig zu werden.

1831/D

*

Es scheint so unendlich schwerer, daß das Gute aus der Harmonie, als aus dem Kontrast hervorgehe; die Tiefe wird wirklich fast nur durch Einengung bewirkt, und nur zu eigenem Trost und zur Rettung der Natur muß man annehmen, daß es unter anderen Umständen auch andere Wege des Heils gibt. 1808

*

Wohl spielt alles Tiefe um Schmerzensgefühle. Aber die gewöhnlichen Menschen empfinden das nicht und erheben sich mit Dünkel gegen Mühe und Schmerz, die sie sonst wie treue Gefährten suchen würden. 1814

*

Darin liegt der große und entscheidende Unterschied unter den Menschen, ob ihnen das Sichtbare in Umriß, Farbe und Bedeutung Sache und Genuß an sich ist, oder nur Hülle des Unsichtbaren, zart andeutendes Symbol. Im ersten Fall, der aber glücklicherweise wohl in keinem rein ist, mag man glauben, was man will, so trägt man das Irdische jenseits der Wolken hinüber, im letzten steigt der Himmel in das Sinnlichste selbst herab, und da ist das ganze Leben e i n e große, ewige Sehnsucht. 1818

*

Im Grunde kehrt alles Große in der Welt auch im Kleinen wieder, wenn man es nur erkennen will. 1808

*

Die Dinge der Welt wogen und rollen aufwärts und abwärts, sie geben, da man sich von ihnen nicht einmal trennen möchte, Freude und Leid, aber für das Gemüt, das sie aufzunehmen und zu behandeln versteht, geht nichts in ihnen verloren, und wie sie sich gestalten mögen, wird es höher und tiefer durch sie. 1819

*

Das wahre Große ist doch nur das, an das man sich in jeder Zeit und jeder Stimmung in stiller Seele wendet, woraus man Begeisterung schöpft in den regen, und wo man Ruhe sucht in den lästigen oder schmerzlich bewegten Momenten des Geistes. 1808

*

Es ist nicht zu sagen, welche Quelle des Glücks und des Trostes sich plötzlich öffnet, wenn der Mensch von den äußeren Lagen ab zu sich heimkehrt. 1809

*

Ich begreife erst jetzt ganz, wie man vom Menschen, dem Leben und der Welt nichts wissen kann, was man nicht tief aus seinem eigenen Dasein schöpft oder vielmehr an sich selbst wahr macht. Menschheit und Natur lassen sich nicht begreifen, wie man es nennt; man kann sich ihnen nur lebendig und durch Aneignung nähern. Nur indem man sich die tausendfachen Gestalten ihres Erscheinens aneignet, ahndet man einigermaßen ihre Unendlichkeit oder fühlt vielmehr, daß sie alles und eins sind. 1804

*

Was erringen wir ... eigentlich Größeres und Schöneres, als uns zu veredeln und andre um uns her? Was ist aller Menschen in der verschiedensten Handlungsweise selbst nicht verstandener Zweck? Alle dienen der einzigen Göttin, der Erhöhung des Menschengeschlechts, dem Wachstum menschlicher Kraft und menschlichen Genießens! Am dunkelsten ist dies Streben, wo die Sorge des Bedürfnisses den Kreis beschränkt, aber auch da ist es dies Streben. Alle, auch physische Sorgfalt ist nur Bemühung, die Bedingung der Möglichkeit des einzigen Guten zu erlangen. Wo der Geist sich erhebt und für den Geist sorgt, da ist das Streben näher und zweckmäßiger, aber auch da noch oft und noch meist fremd dem wahren Ziel. So vieles, was in des Menschen Seele eingeht, bleibt ihm ewig fremd, wird nicht sein; er besitzt, statt zu werden, und der Unterschied besteht nur darin, daß es moralische, intellektuelle Güter sind, die er besitzt. In ihrer wahren Gestalt erblickt die Gottheit nur der, welcher unmittelbar und mit Hin(weg)gebung alles andern auf sich wirkt und auf andre. 1791

*

Nichts ist verloren und auch nichts bleibt unfruchtbar, was einmal im Zusammenhang und Einklang mit dem, was in Gedanken und Gefühlen ewig ist, gedacht, erkannt und empfunden worden ist. Darum hat das Leben, und das bloße Leben, selbst ohne in die Augen fallende Tätigkeit, einen so hohen Wert, weil es, so wie man es aufzunehmen und sich ihm zu überlassen versteht, immer neue Anschauungen, Gedanken und Empfindungen wie aus dem Nichts schafft und hervorruft. Dies im einzelnen oft unbemerkte Anklingen des Geistigen aller Zonen und Zeiten, diese geheimnisvolle Belebung und Erzeugung ist größer und schöner als vieles, was sich in einzelnen Taten und Werken darstellt, und bedarf eigentlich dieser nicht. Der Unterschied ist fast nur, daß man die Urheber dieser namentlich kennt, da die jener stillen Fortbildung sich in dem Ganzen verlieren und nur ungenannt in dem fortdauern, was ihnen angehört. 1818

*

Es muß im Innern eine eigene Welt geben, über die die Wellen des Lebens nur hinwegschlagen, und die still und verborgen sich fortbildet.

1813

*

Wer unbefangen in dem Genuß seiner Unbefangenheit hinlebt, den hütet man sich zu berühren. Wirklich geschieht dem Menschen selten etwas, das nicht, wenn er es auch selbst nicht weiß, aus ihm kommt. 1812

*

Die Menschen, die man liebt, die freie Natur und die inneren Gedanken sichern das Leben durch alle Schicksale hindurch. Man kann wohl Trauer haben, Schmerz erfahren, aber es bleibt immer ein Glück in der Wehmut zurück. 1822

*

Die Seele aller gelingenden Tätigkeit ist doch das tiefe Selbstvertrauen. Mit diesem sinkt alles hin. 1819

*

Nichts ist so verführerisch als der Grundsatz, unbedingt Nutzen stiften zu wollen, wie es auch immer kommen möge. Nur wenn man es sehr bedingt tut, kann es gelingen. 1818

*

Man unternehme das Rechte und setze alle Kraft daran, die man hat, und der Gewinn ist immer unermeßlich, wie auch das Schicksal den Erfolg krönen mag oder nicht. 1813

*

Vermischte Gedanken und Betrachtungen

Geist und Materie

Eine Erscheinung ist in der Weltanordnung auffallend, daß die lebendigen und empfindenden Geschöpfe von den Pflanzen an bis zu den Menschen den wilden und rohen Elementen untergeordnet und von ihnen abhängig gemacht scheinen. Es ist, als wenn die Natur meinte, jenen großen körperlichen und elementarischen Verhältnissen müsse erst ihr Recht werden, ehe an das Gedeihen und das Glück der empfindenden Wesen zu denken sei. Es ist ungefähr wie im menschlichen häuslichen Leben, wo auch nicht bloß die höhere geistige Beschäftigung oft dem gewöhnlichen körperlichen Tagwerk nachstehn muß, sondern wo alle Tätigkeit in Geschäften, die doch auch immer nur eine äußere ist, in der Meinung der Menschen höher gestellt wird als eine innere Hinneigung zu Nachdenken und Wissenschaft. In beiden liegt sichtbar der Sinn, daß durch die körperlichen, äußeren Verhältnisse erst der Boden bereitet und gesichert werden muß, ehe das Geistige, Innere ruhig darauf Wohnplatz finden und ohne Gefahr seine Blüten erschließen kann.

In von Menschen eingerichteten und also immer unvollkommenen Dingen ist das sehr begreiflich. Menschliche Vernunft und Kraft reichten nicht zu, den Hauptzweck ohne einige Aufopferung des Besseren zu erreichen. Bei den von der höchsten Weisheit und Macht herstammenden Welteinrichtungen ist eine solche Erklärungsart nicht zulässig. Was man sonst über eine solche Zurücksetzung des Geistigen gegen das Körperliche, wenn man sie so nennen kann, sagt, ist auch wenig genügend. Es muß darin noch etwas von uns Unverstandenes geben, das vielleicht in einem uns ganz unbekannten Verhältnis des Geistigen zum Körperlichen liegt. Denn wenn wir auch vom Geiste (von der Seele) nicht viel mit Gewißheit erkennen, so ist uns das eigentliche Wesen des Körpers (der Materie) völlig unbekannt und unbegreiflich. 1833/D

*

Kunst und Natur

Man hat sehr unrecht, wenn man sagt, daß die Kunst von der Nachahmung der Natur ausgeht, man könnte richtiger sagen, daß sie von der Mathematik, als der Urharmonie der Gestalten, ausginge. Der Künstlersinn muß von diesem reinen Sinn für Gestalt und Eurhythmie anfangen, sich durch die Natur zu dieser durcharbeiten und dann freilich, indem er der Natur immer treu bleibt oder vielmehr ihr erst so recht treu wird, diesen Sinn wieder in seinem Werk ausdrücken. In den griechischen Bildwerken ist dieser Sinn äußerst sichtbar. Denn sowohl in den einzelnen Figuren als in den Gruppen ist immer wieder darauf gesehen, daß die Umrisse, auch da, wo sie für die Organisation bedeutungslos sind, doch angenehme Mannigfaltigkeit und Verhältnisse geben, und in den Figuren selbst ist weit mehr auf Schärfe und Bestimmtheit als auf Reiz gesehen, weit weniger Härte als Unbestimmtheit geflohen. Wirklich kann man darin die ägyptische Kunst wahrhaft als die Grundlage ansehen, wenn sie es auch historisch gar nicht gewesen sein sollte.

Der Ausdruck des Geistigen bezieht sich in der Kunst immer auch auf die Gestalt, soll nicht gerade diese oder jene bestimmte Gesinnung, wo vom Idealischen die Rede ist, ausdrücken, sondern mehr allgemeine Eigenschaften, Klarheit, Reinheit, Kraft, Güte usw. Dieser innere von der Natur gegebene Sinn unterscheidet nun die Nationen, welche bestimmt sind, Kunstwerke hervorzubringen, und die, welche ewig nur Unholde machen. Die Natur vor den Augen beider ist dieselbe, aber die einen tragen etwas in sie oder sehen es in ihr, was den anderen schlechterdings fremd bleibt. In den Mißgeburten der Chinesen, Inder, Mexikaner ist immer eine gewisse Naturansehung sichtbar. Aber es ist, als hätten sie äußerlich den Umriß der Figur nachzeichnen wollen, ohne je ihren Begriff zu fassen, ohne je zu dem Punkte zu kommen, aus dem heraus sie sich von innen selbst bildet und gestaltet. Die Griechen hatten dafür den schönsten und reinsten Sinn und ebenso für die Rhythmik in den Tönen, sie lebten wirklich in der Idee der Natur, nicht in ihrem äußeren vergänglichen Reiz. 1818

*

Wer die Kunst, sei es auch nur von einer Seite, erfaßt, für den ist die Natur immer und ewig, und jeder einzelne Naturgegenstand immer reich, die Einbildungskraft immer unerschöpflich und das eigene Gemüt immer zur Annahme neuer Formen bereit. Es hängt damit alles andere zusammen, aber es ist von dieser Seite viel leichter, das andere alles zu erfassen. 1810

*

Wenn man Sinn für die Schönheit einer Bildsäule hat, so gehört das zu den reinsten, edelsten und schönsten Genüssen, und man entbehrt die Gestalten sehr ungern, an denen sich das Vergnügen, wie unzählige Male man sie sieht, immer erneuert, ja steigert. So reizend auch Schönheit und Gesichtsausdruck am lebenden Menschen sind, so sind beide doch an einer vollendeten Statue, wie die antiken sind, so viel mehr und so viel höher, daß es gar keine Vergleichung aushält.

Man braucht, um das zu finden, gar keine besondre Kenntnis zu besitzen, sondern nur einen natürlich richtigen Sinn für das Schöne zu haben und sich diesem Gefühl zu überlassen. Die Schönheit, welche ein Kunstwerk besitzt, ist natürlich, weil es ein Kunstwerk ist, viel freier von Beschränkung als die Natur, sie entfernt alle Begierde, alle auch auf noch so leise und entfernte Weise eigennützige oder sinnliche Regung. Man will sie nur ansehen, nur sich mehr und mehr in sie vertiefen, man macht keine Ansprüche an sie, es gilt von dieser Schönheit ganz, was Goethe so schön von den Sternen sagt: die Sterne, die begehrt man nicht, man freut sich ihres Lichts.

1828/D

*

Wirklichkeit und Symbol

Es gibt eine Art, die Wirklichkeit zu nehmen, wie sie immer mehr in sich trägt als die Zeit und die Schranke des Daseins faßt. Mit der Kunst ist das offenbar. Aber im Leben braucht es nicht anders zu sein. Es ist alles erst das, was es ist, und dann ist es außerdem noch Symbol dessen, was es wohl auch in seinem tiefen inneren Wesen, im Zusammenhange mit allem Übrigen ist, was es aber nie in diesem oder jenem Moment ganz und immer zugleich sein kann. Wer nun am meisten fähig ist, alle Dinge immer und immer zugleich in ihrer wirklichen und symbolischen

Natur zu empfinden, wer diese beiden Naturen am meisten und in der vollkommensten Wahrheit zusammenschmelzen läßt, der erreicht am besten die Tiefen und Höhen des Lebens und hat den meisten Genuß am Dasein. 1818

*

Alles in der Natur und im Treiben der Welt selbst läßt sich als Hieroglyphe ansehen und ist es vielleicht, und jede innere Gedankenzeugung schmiegt sich wieder einem Bilde an. Es ist das ewige Band, was die Welt und die Geister zusammenknüpft. Das gering Scheinende wird dadurch bedeutend, und manches, was man als bloß irdisch ansieht, ehrwürdig und heilig. Eine leichte Pforte scheidet dann zwei ganz verschiedene und doch verwandte Gebiete, und wer des Weges durch sie gewohnt ist, geht vom Glanz heiterer Bilder zum besänftigenden Dunkel von Ideen über und kehrt zurück und kommt wieder und wiederholt so in einem Sinnbild, das immer zugleich tiefer ins Wesen führt, den letzten Weg vom Lichte zur Erde. 1819

*

Die bloße Wirklichkeit wäre unendlich arm ohne den Reiz der Einbildung, die freilich so gut eitle Schrecken als leere Hoffnungen in ihrem Schoße trägt, aber doch viel häufiger, wenn sie auch Täuschungen mit sich führt, ihnen schmeichelnd liebliche als zurückschreckende Farben leiht. Meist ist auch das in unsere Hände gegeben und hängt von der Seelenstimmung ab, auf die man auf vielfache Weise bei sich selbst einwirken kann. Ganz geht das aber freilich nicht. In jedem irgend tiefer bewegten Gemüt ist eine Hauptempfindung, von welcher die übrigen ganz oder mehr oder weniger abhängen. Ist es mit dieser licht und freudig, so wird es auch der Ton der ganzen Seele. Mischt sich dagegen in diese düstere Besorgnis oder nicht in Erfüllung gegangene Erwartung, so wird dadurch auch die ganze Seele verdüstert und verfinstert. 1832/D

*

Sprache und Schrift

Das ganze Feld der Gedanken, alles, was den Menschen zunächst und zuerst angeht, selbst das, worauf Schönheit und Kunst beruht, kommt nur in die Seele durch das Studium der Sprache, aus der Quelle aller Gedanken und Empfindungen. Sie bleibt immer der Gegenstand, bei dem es am leichtesten wird, in sich selbst zurückzugehen, die Welt nur zu lieben, weil man das Gemüt daran erkennt, und Sehnsucht zu empfangen nach dem Höchsten, was nie als in der tiefen Einsamkeit des Geistes erscheint. Wem das fehlt, der bleibt doch immer nur halb würdig und nur halb glücklich. 1809

Überhaupt ist das an den Wörtern am meisten zu bewundern, daß sie manchmal nur wie eine leere Hülle sind, in die nichts oder etwas ihnen ganz Unähnliches gekleidet wird, und daß sie manchmal einen Sinn und Gehalt haben, den sonst niemand in ihnen ahndet und fühlt. In dieser Art sprechen recht selten zwei Menschen dieselbe Sprache, und der meiste menschliche Umgang besteht bloß darin, daß die Menschen sich einbilden, einander zu verstehen. Es ist schon recht viel, wenn zwei Menschen nur dahin kommen, die Grenzen zu erkennen, innerhalb welcher ein anderer den Begriff setzt, den er ausdrücken will. Die Sache selbst, dahin kommt es fast nie. Das wahre Verstehen in diesem Sinn muß wirklich aller Sprache vorausgehen, es ist nie durch den Verstand, immer nur durch die Empfindung und die angeborene Gesinnung möglich. 1819

*

Die Allgegenwart, welche die Schrift, der Entfernung und der Vergangenheit zum Trotz, schafft, ist gewiß das Höchste im Menschengeschlecht. Daß es ein solches Mittel allgemeiner Verständigung gibt, und daß sich daran wieder so ungleich mehr anknüpft, als unmittelbar im Buchstaben und selbst im Wort und seiner Bedeutung liegt, beweist im Grunde, daß alle einzelnen Menschen aller Zeiten viel mehr eins sind, als man so denkt und ahndet. 1819

Märchen und Dichtung

Es ist wunderbar aber wahr, daß die Märchen und Fabeln gar nicht so zufällige und willkürliche Geburten der Phantasie einzelner Menschen sind. Mir kommt es immer vor, als wenn die Nationen und das ganze Menschengeschlecht den Stoff in einer bestimmten Anlage dazu in sich trüge und wie durch Instinkt genötigt wäre, ihn aus sich heraus zu spinnen, woher denn die gewisse Gleichförmigkeit kommt, die alle diese Dichtungen an sich tragen, und in der sie sich weiter verzweigen. Diese macht dann auch, daß die verschiedenen Erzählungen sich aneinander reihen, ineinander einfügen, und daß so eine wahre Welt daraus entsteht, die neben der Geschichte hergeht und sich mit ihr zu verweben sucht. Denn die Dichtung hat doch das Eigene, daß sie immer für wahr gelten will, so wie die Geschichte gern selbst wunderbar scheint, um sich ihr zu nähern.

Das Schaffen aus Nichts ist überhaupt eine der wunderbarsten Kräfte des Geistes. Alle Dichtergestalten, um jetzt nicht von der eigentlichen Märchenwelt zu sprechen, treten doch wirklich ins Leben ein. Für alle Menschen, die je den Wallenstein mit Sinn gelesen haben, ist doch seitdem die Welt und die Menschheit anders, seitdem ihnen eine Gestalt wie die Thekla aufgegangen ist, und dadurch wirkt sie nun auch auf die, die nicht einmal das Stück kennen, teils unsichtbar, teils als ein Name, an den sich nun auch außer dem Stück ein bestimmter Charakter haftet. Weit mehr so aber ist es mit denen, die nun schon Jahrhunderte und Jahrtausende in der Phantasie leben, Cassandra, Iphigenie usf. Wenn man dem nachgeht, sieht man, wie wenig die Wirklichkeit ist, als bloß so ein Boden, auf den man den Fuß aufsetzt, um ihn zu verlassen, und wie alles der Gedanke und die Phantasie. 1818

Zur dramatischen Dichtkunst

(Nach einer Wallenstein-Aufführung)

Ein wahrhaft großes dramatisches Stück zu hinterlassen ist doch das Höchste, was es unter allem Großen und allem Ruhm im Leben gibt. In keiner anderen Form lebt der Geist so schaffend und immer noch wirkend fort, in keiner bewegt er so die ganze Menschheit im Busen jedes einzelnen und einer so verschiedenartigen Menge. Wer dies erreicht hat, dem ist das Beste geworden. 1819

Vom Lesen

Es gibt zwei ganz verschiedene Arten, sich einem Buche zu nahen, eine mit einer bestimmten Absicht verbundene und ganz nahe auf den Lesenden selbst bezogene, und eine freiere, die mehr und näher auf den Verfasser und sein Werk geht. Jeder Mensch liest nach Verschiedenheit der Stimmungen und der Momente mehr auf die eine oder die andere Weise; denn rein und gänzlich geschieden sind beide natürlich nie. Die eine wendet man an, wenn man von einem Buche verlangt, daß es belehren, trösten oder unterhalten soll. Die andre Methode ist einem Spaziergange in Gottes freier Natur zu vergleichen. Man sucht und verlangt nichts Bestimmtes, man wird durch das Werk angezogen, man will sehen, wie sich eine poetische Erfindung entfaltet, man will dem Gange eines Räsonnements folgen. Belehrung, Trost, Unterhaltung findet sich hernach ebenso und noch in höherem Maße ein, aber man hat sie nicht gesucht, man ist nicht von seiner beschränkten Stimmung aus zu dem Buche übergegangen, sondern das Buch hat frei und ungerufen die ihm entsprechende selbst hervorgerufen. Das Urteil ist also auf jede Weise freier und, da es von augenblicklicher Stimmung unabhängiger bleibt, zuverlässiger. Ein Verfasser muß es vorziehen, so gelesen und geprüft zu werden.

Meine Art ist es einmal und wird es immer bleiben, ein Buch ebenso wie einen Menschen als eine Erscheinung an sich, nicht als eine Gabe für mich anzusehen. Ich gehe darum noch nicht, wie Goethe sagt, in die Kritik desselben ein, ebensowenig als ich dies bei einem Menschen tue. Aber ich betrachte es wie ein Produkt des menschlichen Geistes, das ohne alle Beziehung auf meine Gedanken und Gefühle einen eignen Ideenzusammenhang und eine eigne Gefühlsweise ausspricht und meine Aufmerksamkeit dadurch in Anspruch nimmt. Ich begreife indes, daß viele Leser die

Bücher mehr zu sich hinziehen und sie weniger objektiv nehmen.

Gedächtnis

Das Gedächtnis muß festhalten, was man auch hineinschütten möge, Zahlen, Namen oder Wörter, zusammenhängende oder isolierte. Das gelingt aber selten und wenigen. Man muß nur danach streben, um dem Ziele bis auf einen gewissen Punkt nahezukommen. Das angenehmste ist ein leichtes Gedächtnis für Gedichte. Ist das mit wahrem Geschmack in der Auswahl und mit Talent im Hersagen verbunden, so gibt es keine andre, das Leben gleich sehr verschönernde Gabe. Zum guten Hersagen gehört aber unendlich viel, zuerst freilich nur Dinge, die jede gute Erziehung jedem geben kann, richtiges Verstehen des Sinnes, eine gute, deutliche, von Provinzialfehlern freie Aussprache, aber dann freilich Dinge, die nur angeboren werden, ein glückliches, schon in sich seelenvolles Organ, ein feiner musikalischer Sinn für den Fall des Silbenmaßes, ein wahrhaft dichterisches Gefühl und hauptsächlich ein Gemüt, in dem alle menschlichen Empfindungen rein und stark wiederklingen. Der Genuß, den ein solches Wiedergeben wahrhaft schöner Gedichte gewährt, ist in der Tat ein unendlicher. Er ist mir oft und im höchsten Grade geworden, und ich rechne das zu den schönsten Stunden des Lebens. Aber auch das eigne Auswendigwissen von Gedichten oder von Stellen aus Gedichten verschönert das einsame Leben und erhebt oft in bedeutenden Augenblicken. Ich trage mich von meiner Jugend an mit Stellen aus dem Homer, aus Goethe und Schiller, die mir in jedem wichtigen Momente wiederkehren und mich auch in den letzten des Lebens nicht verlassen werden. Denn man kann nichts Besseres tun, als mit einem großen Gedanken hinüberzugehen. 1831/D

Briefwechsel

Recht wenige Menschen haben einen Begriff und einen Sinn für die Mitteilung von Gedanken, Ideen und Empfindungen, wenn es ihnen auch auf keine Art an Verstand, Geist und Regsamkeit für alle Gefühle fehlt, für welche der Mensch empfänglich zu sein pflegt. Es gehört zum Gefallen an solchen Mitteilungen noch mehr, nämlich die Neigung, das, was man selbst denkt und fühlt, gern außerhalb des eignen Seins im andren zu erblicken. Bei einem Umgange ist es nicht eben der Wunsch, etwas in den andren zu verpflanzen, Meinungen in ihm zu begründen, zu befestigen oder zu zerstören, wenigstens fühle ich keinen solchen Hang und solches Bemühen in mir. Aber was ich deutlich fühle, ist ein großes und in der Liebe zu gefaßten Meinungen selbst gegründetes Verlangen, was ich über Gegenstände inneren Bewußtseins meine und empfinde, mit den Erfahrungen und der Vorstellungsweise andrer zu vergleichen. Es kommt einem nur gewissermaßen in sich gesicherter vor, was man mit dem Vorstellen und dem Denken andrer zusammenhält, und wenn es keinen andren Grund gegenseitiger Mitteilung im Menschengeschlecht gäbe, so wäre schon dies gewiß ein hinlänglicher. Es hat auch gewissermaßen das Schreiben darin einen Vorzug vor dem mündlichen Gespräch. Es vereinigt die Vorzüge des letzteren mit denen des einsamen Nachdenkens, die doch gleichfalls unverkenntlich sind. Man hat für alles, was die Mitteilung der Gedanken und Empfindungen betrifft, den andren nicht minder gegenwärtig, als wenn man persönlich beieinander ist, und zu der Sammlung und dem Festhalten der eignen Gedanken trägt doch unfehlbar das Alleinsein und selbst, daß man den Faden seiner Gedanken ruhig ausspinnen kann, ehe ein andrer dazwischentritt, bei. 1832/D

Liebe und Ehe

Es gibt nur unendlich wenige Menschen, die, wenn sie ernstlich und tief lieben, eigentlich darauf denken und dahin streben, den anderen auf seine Weise glücklich zu machen. Viel scheinbares Glück in dieser Art kommt nur von der Lauheit der Liebe her, der wenig daran liegt, daß der andere anders als er selbst ist. Darum ist es so unendlich wahr, daß die Liebe sich nur durch Liebe messen läßt, nur nach sich, nicht nach ihren Äußerungen beurteilen läßt, und man kann sehr glücklich sein, wenn einen auch die Liebe viel entbehren ließe oder einem wirklich Schmerz zufügte, wenn es nur die Liebe ist. 1819

*

Mir ist es immer gewesen, als gäbe es zwei ganz verschiedene Arten dieser Leidenschaft: eine heftige, mehr äußere, die nur über die Gegenwart wegeilen und nur das Ziel erreichen möchte, die zuletzt in ihrem Streben wirklich mehr ihre Befriedigung als den Gegenstand sucht, — und eine heiligere, innere, die immer und immer nur in ihm (dem Gegenstand) lebt, die ihn liebt im Genuß und in der Sehnsucht, die so tief und innig sich und ihn verbindet und an beides so alles Menschliche und Himmlische knüpft, daß sie wieder still wird und ruhig und immer nur Glück kennt, sei es der Wehmut oder der Heiterkeit. Diese Leidenschaft begleitet durch jedes Alter bis in den Tod, ja sie wird stärker und glühender, je mehr das fortschreitende Gemüt innerlicher und einsamer wird, sie hat der Jugend nichts zu beneiden und hüllt sich still in die scheinbare Ruhe der späteren Jahre. 1819

*

Die Wirklichkeit behält, selbst wenn es sich um die edelsten Dinge handelt, immer etwas, das leicht gemein oder dürftig wird. Das ist in der

Liebe das Tiefrührende, daß sie das Überirdische im Irdischen sucht. In diesem bis auf einen Punkt immer vergeblichen Ringen drückt sich die edelste Dürftigkeit der menschlichen Natur aus, die das reinste Mitleiden weckt, das gleichsam die Quelle alles ewigen Hohen ist. 1814

*

Es ist schrecklich, daß so wenige Menschen der eigenen Empfindung leben, und noch wenigere zusammen. Bei den meisten gibt nur die Jugend und das erste Aufwallen der Gefühle der Liebe das Menschliche, weil es wie das Keimen der Pflanzen und das Frühlingsregen der Säfte ist, eine kurze Blüte; hernach wissen sie nichts mehr, als sich zu trennen oder nebeneinander die kalten Wege des Lebens ohne die mindeste Spur tieferer Berührung zu gehen. Wenige haben die Empfindung der Jugend durch alle Alter hindurch wachsen und sich entfalten gesehen und mit Wunder gefühlt, wie sie immer gleich geheimnisvoll, gleich tief und unendlich bleibt. Den meisten ist die Jugend des Herzens mitten in aller Vergänglichkeit auf ewig ein Rätsel. Auch ist nicht zu leugnen, daß man sie mit Aufopferung der Ruhe erkauft. Man muß tiefer ins innere Leben eingreifen und das Herz wunder machen, als es die rauhe Berührung der Welt erträgt. 1809

*

Es ist gar nicht bloß, daß man sich immer liebt und immer gleich liebt, aber daß man auch immer mehr und steigend dasselbe einer im anderen entdeckt und sucht, was einen vom ersten Augenblick an glücklich gemacht hat, nur daß man sich dessen damals weniger bewußt war. 1817

*

Wenn zwei durch die Liebe verbunden sind, die das ganze Dasein in eins verschmilzt, so geht selbst aus dem an sich Schmerzlichen eine noch immer süße Wehmut hervor; auch setzt man dann dem Geschick, wo es feindlich ist, eine mildere und mehr heitere Kraft entgegen und ist schon darum des Erfolgs gewisser. 1819

*

Die Ehe ist ein eigen Ding. Sie ist das Heiligste und Höchste und Süßeste, aber wie diese Dinge überhaupt, kann sie auch — ach! und beim besten Mann so leicht — das Leben bis in die innersten Gefühle hinein verbittern. Ein Mann läuft keine Gefahr, dadurch zu leiden, wenigstens ist es dann meistenteils seine Schuld. Aber die Frauen leiden unglaublich und müßten noch mehr leiden, wenn sie nicht fast durchgängig noch immer viel zu gut wären, um die Dinge in den natürlichen Farben zu sehen. Die Welt weiß das wenig. Aber wer darauf achtet, dem entgeht es nicht. 1810

*

Das stille Zusammenleben, ungestörte häusliche Zufriedenheit, und vor allem das schöne Verhältnis zu den Kindern, alles dies gibt, je länger es fortdauert, desto mehr Ruhe und Fähigkeit zum Genuß.

Diese Stimmung der völlig offenen und reinen Heiterkeit, in der die Seele sich mit reger Lust zu allen Gegenständen hinwendet, sich an das Schöne in jedem anschließt, alles miteinander verknüpft und immer Leben und Mannigfaltigkeit aufsucht, um wieder Leben und Mannigfaltigkeit daraus zu schaffen, diesem, möchte ich sagen, reift man erst mit den Jahren entgegen. Früher wird das Herz mächtiger und öfter von den stürmischen Gefühlen hingerissen, die mehr aus der bewegten Tiefe des Gemüts, als aus dem ruhigen Dasein der Gegenstände entspringen, es sucht und findet alsdann sein Glück mehr in dem Bestreben, sich aus der äußern Welt herauszureißen und sich über sie zu erheben, als in dem, sich mit ihr in ein leichtes und fröhliches Gleichgewicht zu versetzen. 1797

*

Das stille Dasein der Frauen webt eigentlich Glück und Unglück um die Männer und Kinder, die ihnen angehören. Das bestimmte Handeln ist wie ein zweischneidiges Schwert. Wie man sich auch mühen möge, man bringt nie durch sich selbst hervor, was man will; das Gedeihen entspringt nur aus der Liebe der Seinen, und man arbeitet dafür nur, insofern man sich an diese fest anschließt. 1814

*

Zur Frauennatur

Es gibt nichts Besseres auf Erden als eine Frauennatur; wenn sie nur nicht ihre Natürlichkeit verlieren, so haben sie immer, auch bei der schlichtesten Einfachheit, etwas Edleres und Tieferes als die Männer. Doch werden Frauen von an sich nicht schlimmen Männern oft ungerecht behandelt und sind, wenn sie glücklich sind, es meistenteils mehr durch innere Genügsamkeit und Selbstverleugung als durch die äußere Lage. 1818

Mutter und Kind

Die Freude am werdenden Kind, bevor es das Licht der Welt erblickt, ist vielen Frauen fremd. Sie wünschen die Kinder nur da erst sich näherzubringen, wo sich ihre Kräfte schon entwickelt haben, und schon Gedanke und Empfindung vorhanden sind. Für das stillere, mächtigere, schönere Weben der Natur im Bereiten und Bilden des Ganzen, wovon Gedanke und Empfindung nur einzelne und tägliche Erscheinungen sind, haben sie keinen Sinn, und sind arm, da sie sich nur an das halten, was sich fassen läßt. Der gewiß unendlich große und nur einem weiblichen Gemüt mögliche Genuß, sich als Teil der schaffenden, lebendig wirkenden Natur zu fühlen, mit ihr durch das Gefühl des im eigenen Schoße lebendigen und geistigen Werdens auf eine dunkle, aber mächtig empfundene Weise zusammenzuschmelzen, entgeht ihnen ganz, und wie ihr Gemüt nicht von Anfang dazu gebildet ist, wie es ihnen bald an Mut, den Schmerz zu umfassen, bald an Demut, sich einem mächtigeren Wirken hinzugeben, aber vor allem an der Größe fehlt, die mit beiden immer in sich frei und selbständig bleibt, so wird ihr Wesen auch nicht dadurch bereichert. Sie dienen in diesem Zustande nur der Natur, statt in ihm größer zu sein und es durch ihn zu werden. 1808

*

In dem eigenen Stillen liegt unendlich viel. Es ist ein ewiges lebendiges Überströmen des einen Wesens ins andere; es ist eine Art der Bildung, der Aneignung, die auf eine unbegreifliche und doch so mächtige und wirksame Weise vor sich geht. Zwar bin ich überzeugt, daß bei den gewöhnlichen Müttern oder gar bei Ammen auch dies nur körperlich wirkt. Allein wo das innigste und schönste Gefühl immer zugleich rege ist, wo der reinste Odem der Liebe die Gabe beseelt und veredelt, da dringt die wohltätige Wirkung auch gewiß tief in das ganze Wesen des zarten Geschöpfs ein. Auch hier, dünkt mich, ist es ein Vorrecht edler und feiner Seelen, denselben Geist, der sie belebt, auch allem einzuhauchen, was von ihnen ausgeht; was nun bei anderen unbedeutend und tot sein würde, wird in ihnen bedeutend und erhält Leben und Fruchtbarkeit.

Nichts auf der Welt ist gewiß überhaupt so mächtig als dieser so oft verkannte Einfluß, und am meisten, um ihn in seiner ganzen Stärke auszuüben, ist es wichtig, sich in seine reinste und beste Eigentümlichkeit zu bestimmen, damit in allem, was man ist und tut, immer nur ein Geist und ein eigener und wohltätiger herrsche. Nur er ist es sicherlich, der die Bande jeder echten Liebe knüpft, und nur durch ihn ist es möglich, daß die Kinder, wie Hektor sagt, gern den Eltern ähnlich werden, aber besser als sie. 1797

*

Zweisamkeit

Der Mensch muß etwas außer sich gewinnen, an das er sich anschließen, auf das er mit allen vereinten Kräften seines Daseins wirken könne. Allein wenn auch diese Neigung allgemein ist, so ist der Hang und die Sehnsucht nach wahrer Freundschaft und Liebe doch nur ein Vorrecht zarter und innerlich gebildeter Seelen. Weniger zarte oder durch die Außenwelt betäubte Gemüter heften sich wechselnd und vorübergehend an und erreichen niemals den wahren Frieden einer in dem andren. 1824

Arbeit und müßiges Denken

Das Arbeiten ist meinem Gefühle nach dem Menschen so gut ein Bedürfnis als essen und schlafen. Selbst diejenigen, die gar nichts tun, was ein vernünftiger Mensch Arbeit nennen würde, bilden sich doch ein, etwas zu tun. Einen Müßiggänger, der es nach seiner Meinung nach wäre, gibt es wohl nicht auf der Welt. Wirklich aber ist es wahr, daß Männer sich nicht genug im müßigen Denken gehen lassen. Sie tun eher alles als denken, auch wenn sie ganz unbeschäftigt sind, oder sie geben sich, wenn sie gerade zu keinen höheren Beschäftigungen berufen sind, lieber noch ganz leeren und nichtigen hin. Die Beschäftigungen der Männer sind leider so, daß sie das gleichzeitige innere Denken ausschließen und doch den Geist gar nicht auf eine irgend würdige Weise in Anspruch nehmen. Auf diese Beschäftigungen haben doch viele die Albernheit, einen Wert zu setzen und sich etwas darauf einzubilden. Dies ist offenbar eine der Ursachen, warum in der Regel Frauen interessanter zu sein pflegen als Männer. 1828/D

*

Frauen sind darin glücklicher und unglücklicher als Männer, daß ihre meisten Arbeiten von der Art sind, daß sie während derselben meist an ganz etwas andres denken können. Ich würde es ein Glück nennen. Denn man kann ein ganz inneres Leben fast den ganzen Tag fortführen, ohne in seinen Arbeiten oder in seinem Berufe dabei zu verlieren oder gestört zu werden. Es ist das wohl auch ein Hauptgrund, warum wenigstens viele Frauen die Männer in allem übertreffen, was zur tieferen und feineren Kenntnis seiner selbst und andrer führt. Allein wenn jene inneren Gedanken nicht beglückend oder wenn sie wenigstens das nicht rein und unvermischt sind, sondern niederschlagend und beunruhigend dabei, so ist allerdings die Gefahr größer, welche die innere Ruhe bedroht, da Männer in ihren Geschäften selbst, auch wider ihren Willen, Zerstreuung und Abziehung von einem das Innere einnehmenden Gedanken finden. 1828/D

Schuld und Reue

Man muß sich nie unrichtig entschuldigen, die Demut habe ich wirklich. Ich weiß immer genau im Leben, in Geschäften, wo ich fehlte, irrte, unrecht handelte; mir ist die Reue fremd, weil ich überzeugt bin, daß sie immer auf einer unrichtigen Vorstellung beruht, daß die Schuld nicht darin lag, daß man so handelte, sondern weil das Handeln viel tiefer darin begründet liegt, daß man so war. Und wie man ist, wie man war, zu bereuen, das hat keinen Begriff mehr, da ergreift einen Wehmut mit sich selbst, mit andern, mit dem Schicksal, aber man kann sich, selbst wenn man sich haßte, nicht anders wünschen, als man ist. Denn was heißt das, anders sein als man ist? Man kann sich nicht selbst verlieren. Aber wenn ich auch nichts eigentlich bereue, so verhehle ich mir auch nie Folgen und Schuld, und gehe sogar, wie wider meinen Willen hingezogen, der Verkettung der Umstände nach, durch die sich die einen von den anderen herwinden. Und so sollte es in allen Menschen sein, da der Mensch keine bessere Beschäftigung hat, als mit sich selbst und mit denen, die ihm ganz nahe stehen. Ich bewundere aber oft, wie die meisten immer die Schuld auf andere, den Zufall, die Umstände schieben. Es mag glücklicher sein, aber es ist nicht so bildend, und ich möchte es nicht in mir. 1818

Über die Zeit

Ich habe es immer für eins der pathetischen und und gravitätischen Vorurteile gehalten, wenn man von dem Wert der Zeit und ihrer Benutzung spricht und über ihr Vergehen klagt. Die Zeit ist da, wie der Mensch, daß sie verrinne. Sie kann es ja nicht, ohne daß, wie er es auch anfangen möge, wider seinen eigenen Willen sogar, er darin reife, und sein Zweck auf Erden ist erfüllt, wenn er reif ins Grab sinkt. 1817

*

Vom Altern

Jugend und Alter

In der lebendigen Jugend liegt allein alles Schöne und Große, was die Folge nur immer zur Reife bringen kann; sie ist es allein, welche die Kraft und die Selbständigkeit verleihen kann, die hernach für das ganze übrige Leben hin Mut und Tätigkeit gewähren müssen; aber sie gibt nicht eigentlich die Ruhe, den stillen Genuß, der sich ohne Unterbrechung immer durch sich selbst wieder belebt, und es ist ein Vorzug späterer Jahre, daß, ohne die Fähigkeit zu jenen Stimmungen zu verlieren, das Gemüt sich mehr gleichsam auf der Erde festzusetzen, dem Leben und der Bewegung, den Gedanken und Empfindungen mehr die Stetigkeit der Natur zu geben und dadurch in einem noch höheren Grade menschlich zu werden lernt.

Dieser Punkt ist es eigentlich, wo die Jugend und das schönere Alter sich voneinander scheiden, und nirgends erscheint dies schöner als in dem Moment, wo die Jugend und die Reife gleichsam noch miteinander streiten, wo sie noch länger und kürzer nebeneinander fortgehen, und wo alle Vorzüge der mannigfaltigen Stufen des Alters sich auf einen Augenblick zugleich zusammendrängen. 1797

Alter und Jugend sind gar nicht so geschieden, und es ist eine falsche Ansicht, das Alter als ein Vergehen, ein Abnehmen zu betrachten. Es ist nur eine andere Art zu sein, in der man der Jugend nichts zu beneiden hat, in der es aber allerdings sehr schön ist, die Jugend zu ehren und sie wie etwas Göttliches anzusehen, das sich selbst nicht versteht und kennt, aber in schöner Sicherheit seine Bahn geht.
Es ist auch in den Griechen sehr schön, daß sie, um die Jugend zu erheben, nicht das Alter herabsetzen, welches vielmehr noch außer der Ehrwürdigkeit immer zugleich mit Milde, Lieblichkeit und Grazie umgeben wird. Auch in der Bezeichnung der Stufen und Grenzen des Alters liegt sehr viel, und es ist immer ein Zeichen eines sinnlichen und verderbten Zeitalters, wenn man, was man Jugend nennt, in so enge Schranken zusammendrängt, und die wichtige Mittelstufe zwischen Jugend und Alter, die eigentliche und wahre Reife, nicht vorzugsweise zu schätzen weiß. 1817

*

Ich bin weit entfernt zu verkennen, daß die Jugend im gewissen und im wahren Sinne eigentlich nicht bloß schöner und anmutiger, sondern auch in sich mehr und etwas Höheres ist als das Alter. Eben weil wenig Einzelnes entwickelt ist, wirkt das Ganze mehr als solches, auch entwickelt das Leben nicht immer alle Anlagen, oft nur wenige, und da ist dann die Jugend wirklich mehr.

1833/D

*

Es scheint mir eine müßige Frage, welches Alter man vorziehen möchte. Es ist immer nur eine Selbsttäuschung, wenn man sich einbildet, daß man wahrhaft wünschen könnte, in einem zu bleiben. Der Reiz der Jugend besteht gerade im heitern und unbefangenen Hineinstreben in das Leben, und er wäre dahin, wenn es einem je deutlich würde, daß dies Streben nie um eine Stufe weiter führte, etwa wie das Treten von Leuten, die an einem Rade eine Last in die Höhe heben. Mit dem Alter ist es nicht anders, es ist im Grunde, wo es schön und kräftig empfunden wird, nichts anderes als ein Hinaussehen aus dem Leben, ein Steigen des Gefühls, daß man die Dinge des Lebens verlassen wird, ohne sie zu entbehren, indem man doch zugleich sie liebt, mit Heiterkeit auf sie zurückblickt und mit Anteil in Gedanken bei ihnen verweilt.

1829

*

Den Eindruck voll aufnehmen und doch sich davon frei erhalten, mag einem nur im Alter gegeben sein, da sich in ihm erst all die Fäden zusammenziehen, die im früheren Leben auseinandergehen, und da es so im höchsten Verstande dadurch poetisch wird, daß, wie in einem großen Drama, das materielle Interesse geringer wird und immer mehr schwindet mit der Nähe des Grabes. Man ist schon freier von den Kräften, denen das Leben unterwirft, und sieht auch furchtbares Schicksal nur wie einen Donner an, der vorüberzieht an der bewohnten Hütte und in den fernen Wald einschlägt.

Wo diese Gefühle stark sind, da drücken sie sich auch in den Zügen aus, und daher kommt die neue Würde und der Reiz der Züge, die nur noch die gewesene schöne Jugend ausdrücken, die man nur darum oft im Leben verkennt, weil man sie selten rein findet und auch der Geschmack selten geläutert genug ist von allen unwesentlichen Nebenrücksichten. 1818

*

Eins ist dem Alter eigen, und es gibt einen Moment, wo man sich dadurch überrascht fühlt, ohne daß man sein Entstehen bemerkt hat, daß es eine sanfte und leise Vorbereitung zum Tode ist, daß — wie sehr schön im Bhagavad-Gitâ steht — einem das zum Licht wird, was den übrigen Menschen Nacht ist. Man sieht die Sterne, den Himmel, die blaue Luft anders an, und wenn es irdisch und menschlich ist, sich an der Form zu freuen, so entsteht nun ein Anstaunen des Formlosen, ja ein gewisses Sehnen danach, nach der Auflösung in höhere schrankenlosere Kräfte, ein Gefallen an Einsamkeit, da es ja nichts scheinbar Einsameres gibt als die wolkenlose Höhe.

1826

*

Es hängt nur vom Menschen ab, immer zarter und schöner, reiner und voll inneren Friedens zu werden, und das Alter trägt keine Schuld, es hindert an nichts, wird aber dadurch verschönt. Ich liebe es auch eigentlich und kenne keine größere Göttin als die Zeit. Man könnte ein eigenes Buch darüber schreiben, wie sie dem Eingeweihten alles gibt, und nur denen, die sie nicht verstehen, nimmt.

1815

*

Es gehört zur Vollendung des menschlichen Lebens, ein Heruntergehen der Kräfte zu empfinden; und das menschliche Leben als ein Ganzes, sich aus sich selbst Entwickelndes durchzumachen, hat in sich etwas Beruhigendes, weil es den Menschen in Einklang mit der Natur zeigt. Die innere Stimmung ändert sich auch von selbst so um, daß man die äußere Unbequemlichkeit leichter trägt. Man ist geduldiger, fühlt, daß über den Lauf der Natur keine Klage ziemt, und hat viel lebhafter das Gefühl, daß man durch innere gleichmütige und sanfte Ruhe über alles Äußere einen mildernden Schimmer wirft. Es ist sichtbar ein Vorzug des Alters, den Dingen der Welt ihre materielle Schärfe und Schwere zu nehmen und sie mehr in das innere Licht der Gedanken zu stellen, wo man sie in größerer, immer beruhigender Allgemeinheit übersieht. 1834/D

*

Wenn man von dem Glückswerte des Lebens spricht, so gebe ich gern zu, daß man ihn nicht immer hoch anschätzen kann. Ist es aber recht und erlaubt, den Wert des Lebens wie den eines anderen Gutes zu schätzen? Das Leben ist dem Menschen von Gott gegeben, um es auf eine ihm wohlgefällige, pflichtmäßige Weise anzuwenden und im Bewußtsein dieser Anwendung zu genießen. Es ist eine Aufgabe der Arbeit, allerdings zum Glück gegeben. Dem Glück ist aber immer die Bedingung gestellt, daß man es zuerst und, wenn die einbrechenden Tage Prüfungen mit sich führen, allein in der mit Selbstverleugnung geübten Pflicht finde. Ich frage mich daher nie, welchen Wert das Leben noch für mich hat, ich suche es auszufüllen und überlasse das andre der Vorsehung.

Die Schwächung, welche die Kräfte durch das Alter erfahren, kenne ich sehr wohl aus eigner Erfahrung. Aber ich möchte darum nicht zurücknehmen, was ich schrieb, daß der Zweck des Lebens eigentlich der ist, zu der höchsten, dem inneren Geistesgehalt des Individuums, von dem die Rede ist, den Umständen und der Lebensdauer angemessenen Erkenntnisreife zu gedeihen. Es gibt allerdings Fälle, wo das Alter alle Geisteskräfte vernichtet. Sie sind aber glücklicherweise selten. Die gewöhnlichen Alterschwächen gehen mehr den Körper und im Geist die Kraft des Entschlusses, seine Schnelligkeit und Ausdauer, das Gedächtnis, die Lebendigkeit der Teilnahme an äußeren Begebenheiten an. Das in sich gekehrte Denkvermögen und das Gemüt bleiben nicht nur in den meisten Fällen ungeschwächt, sondern sind reiner und minder getrübt durch Verblendung und Leidenschaften tätig. Gerade diese Kräfte aber sind es, die am besten und sichersten zu der oben erwähnten Reife der Erkenntnis führen. Sie wägen in diesen höheren Jahren, die keine Ansprüche mehr an Erfolge des Glücks und Veränderung der Lage machen, am richtigsten den wahren Wert der Dinge und Handlungen ab, sie knüpfen das Ende des irdischen Daseins an die Hoffnung eines höheren an und läutern die Seele durch die ruhige, aber unparteiische Prüfung dessen, was in ihr im Leben vorgegangen ist.

Niemand muß glauben, mit dieser stillen Selbstbeschäftigung schon fertig zu sein. Je mehr und anhaltender man sie vornimmt, desto mehr entwickelt sich neuer Stoff zu derselben. Ich meine damit nicht ein unfruchtbares Brüten über sich selbst, man kann dabei tief mit seinen Gedanken in der Zeit und der Geschichte leben, aber wenn man dies täte, was nicht notwendig ist, meine ich das Ziehen jedes Gedankenstoffs nicht in den Kreis der Irdischheit, sondern in den höheren, dem der Mensch vorzugsweise in seinen spätesten Jahren angehört. Denn dieser zwiefache Kreis ist dem Menschen sichtbar angewiesen. In dem einen handelt er, ist er geschäftig, trägt er im kleinsten und größesten zu den Menschenschicksalen bei, davon aber sieht er niemals das Ende, und darin ist nicht er der Zweck. Er ist nur ein Werkzeug, nur ein Glied der Kette, sein Faden bricht oft im entscheidendsten Moment ab, der des Ganzen läuft fort. In dem anderen Kreise hat der Mensch das Irdische nicht dem Erfolg, sondern nur der Idee nach, die sich daran knüpft, zum Zweck und geht mit diesem Streben über die Grenzen des Lebens hinaus. Dieses Gebiet ist nur dem einzelnen, aber jedem Menschen für sich angewiesen, die Nationen, das Menschengeschlecht im ganzen strömen bloß im Irdischen fort. Jeder Mensch dreht sich, wenn er auf sich achtet, immer in diesen beiden Kreisen herum, aber dem Alter ist der höhere und edlere mehr eigen, und nicht ohne Grund befallen den Menschen im Alter Schwächen. Er widmet sich, dadurch gemildert und beruhigt, besser und ausschließender jenen höchsten Betrachtungen. 1832/D

Lob des Alters

Ich hatte das Alter immer reizend und viel reizvoller als die früheren Lebensepochen gedacht, und nun, da ich dahin gelangt bin, finde ich meine Erwartungen fast übertroffen. Daher mag es auch kommen, daß ich eigentlich in der Seele gewissermaßen älter bin als körperlich und an Jahren. Ich bin jetzt 57 Jahre alt, und wer ohne große körperliche Ermüdungen und meist gesund und immer höchst regelmäßig und ohne Leidenschaften gelebt hat, welche die Gesundheit untergraben, kann da noch keine merkliche körperliche Abnahme fühlen. Allein die Ruhe des Geistes, die Freiheit von allem, was die Seele unangenehm spannt und aufreizt, die Unabhängigkeit fast von allem, was man sich nicht selbst durch innerliche Stimmung und Beschäftigung geben kann, diese Dinge sind alle in früheren Jahren schwerer zu erreichen, sind alsdann oft nur dann vorhanden, wenn, was noch viel schlimmer ist, sie aus Kälte und Unempfindlichkeit entstehen. Dennoch sind sie es vorzüglich, welche ein innerlich glückliches Leben geben und sichern. Es ist daher nicht ganz richtig, wenn man glaubt oder sagt, daß das Alter abhängiger von andren, von Umständen und Zufällen mache. Körperlich und äußerlich ist es freilich wohl der Fall, allein auch nicht so viel, als man denkt, da wenigstens bei gutgearteten und an Selbstbeherrschung gewöhnten Menschen die

Begierden und selbstgeschaffenen Bedürfnisse noch viel mehr im Alter abnehmen als die Kräfte, ihnen Befriedigung zu verschaffen. Auf der andren Seite aber gewinnt ebendadurch die viel wesentlichere und das Glück weit mehr befördernde Unabhängigkeit ungleich mehr. Mangel an Ergebung und Ungeduld sind eigentlich die Dinge, welche alle Übel, welcher Art sie sein mögen, erst recht empfindlich machen und sie wirklich vergrößern. Gerade von diesen beiden Übeln heilt das Alter vorzüglich, immer eine Gemütsart vorausgesetzt, die keine einmal eingewurzelt unartige Gewohnheiten hat, die freilich ihr Gift sonst in jedes Alter hinübertragen. Der größeste Gewinn aber, der aus dieser größeren geistigen Freiheit, aus der Begierden- und Leidenschaftlosigkeit, dem gleichsam wolkenleeren Himmel, den zunehmende Jahre über das Gemüt hinführen, entsteht, ist, daß das Nachdenken reiner, stärker, anhaltender, mehr die ganze Seele in Anspruch nehmend wird, daß sich der intellektuelle Horizont erweitert und das Beschäftigen mit jeder Art der Wissenschaft und jedem Gebiet der Wahrheit immer mehr und mehr ausschließend das ganze Gemüt ergreift und jedes andre Bedürfnis, jede andre Sehnsucht schweigen macht. Das nachdenkende, betrachtende, forschende Leben ist eigentlich das höchste und menschlichste, allein in gewisser Art läßt es sich doch nur in höherm Alter vollkommen genießen. Früher ist es in Streit mit der Aufforderung und sogar der Pflicht zu handeln und erfährt nicht selten Störungen durch sie.

Es wäre aber sehr unrichtig, wenn man in dem Wahn stände, daß ein solches Vergnügen an reinem, gar nicht mit dem Leben und dessen Weltlichkeit zusammenhängenden Nachdenken eine große Bildung oder viele Kenntnisse voraussetzte. Wo diese gerade bei jemandem zufällig vorhanden sind, da kann das Nachdenken vielfältige Gegenstände treffen, es ist da allerdings mehr Mannigfaltigkeit und ein wenigstens scheinbar weiterer Kreis. Allein gerade die dem Menschen notwendigsten, heiligsten und wahrhaft erfreulichsten Wahrheiten liegen auch dem einfachsten, schlichtesten Sinne offen, ja werden von ihm nicht selten richtiger und selbst tiefer aufgefaßt als von dem, den größerer Umfang von Kenntnissen mehr zerstreut. Diese Wahrheiten knüpfen sich an jedes Alter an, allein doch am natürlichsten an dasjenige, was auch den endlichen Aufschlüssen über alle unendlichen Rätsel, die eben diese Wahrheiten enthalten, am nächsten steht. So stirbt zwar in höheren Jahren eine gewisse Lebendigkeit mehr ab; aber dies ist nur eine äußere, oft sogar fälschlich geschätzte. Die viel wohltätigere, schönere, edlere, die sich innen in fruchtbarer Klarheit entfaltet, gehört vielmehr erst recht eigentlich dem wahren Alter an. 1833/D

Vom Tod
und Unvergänglichen

Man sehnt sich zugleich nach Ruhe und nach Streben ins Unendliche. Aber die Ruhe ist nur Freiheit von irdischem Treiben, und das Streben das leichte, geistige, das ohne Beimischung von Müdigkeit und Verwirrung bleibt. Dann vereinigen sich auch die Bilder der Erde und des Himmels so schön. Die Erde bietet ihren Schoß zur Ruhe, und der Himmel öffnet seine Räume zu ungehemmtem Streben. Wer den Tod so fühlt, dem wird er zu einer plötzlich erscheinenden sanften Lösung des Lebens, und einer Lösung bedarf das Leben doch. Denn es ist Fessel und Rätsel.

1826

*

Es kann im Vergänglichen nichts Bleibendes sein, und der Staub des einzelnen mischt sich mit dem Staube des Alls. Aber auch die Natur hat in der Saat, in den jährlichen Vorgängen die schönen Sinnbilder des Sprießens neuen Lebens aus vorhergehendem Untergang, und alles predigt dem Menschen, daß er in keinem Zustand unveränderlich veralten soll, daß aber aus jeder scheinbaren Vernichtung immer neues Leben hervorkeimt.

1826

Der Tod muß die Abgeschiedenen, wie die Geburt die Lebenden, einander zuführen. Es ist wenigstens die eine mächtige Scheidewand gesunken, die harte Notwendigkeit der Trennung ist gewichen, und die Phantasie schweift in erlaubte Möglichkeiten, wenn auch das Gefühl sie nicht und mit einem gewissen, nicht auszusprechenden Bewußtsein der Wahrheit leitete. Es ist schwer, an ein so eigentliches persönliches Wiedersehen und Wiederzusammenkommen zu glauben, aber für den, der wahrhaft liebt, ist schon das dringendste Bedürfnis gestillt, schon ein unermeßlicher Trost gewonnen, unter denselben Bedingungen zu sein oder nicht zu sein wie der Hingeschiedene. 1804

*

Ich habe das große, und bei der Ungewißheit des Todes gewiß sehr richtige Prinzip, daß das Leben von jedem Punkt aus immer gleich lang ist, und die Kraft des Genusses und die Freude daran nimmt zu. Das Wissen, was man genießt, und auch das Vergessen, daß man es weiß, wachsen beide und durchdringen sich inniger. 1820

*

[Nach dem Tod seiner Frau]

Was ich erfahren, liegt im natürlichen Laufe der Dinge. Die zusammen ihre Lebensbahn gehen, müssen sich an einem Punkte scheiden; es ist glücklicher, wenn die Zwischenzeit sehr kurz ist, in der sie einander folgen. Allein aller Verlust von

Jahren ist kurz gegen die Ewigkeit. In mir geht jetzt nichts andres vor, als daß mein Inneres sich ungekünstelt, unabsichtlich, ohne durch Vorsätze oder Maximen geleitet zu sein, bloß sich seinem Gefühl überlassend, mit der Lebens- oder Schicksalsperiode ins Gleichgewicht setze, in die ich unglücklicherweise früher getreten bin, als es der gewöhnliche Gang des Lebens erwarten ließ. An einem solchen Gleichgewicht darf es dem Menschen meiner Empfindung nach nie fehlen, das Streben danach sollte ihm wenigstens immer eigen sein. Es ist dies gar keine Klugheitsregel, kein Bemühen, sich heftige Empfindungen zu ersparen; das Setzen ins Gleichgewicht wird oft nur dadurch erreicht, daß man viel Schmerz, physischen und moralischen, in sein Dasein mit aufnimmt, aber es besteht darin die wahre Demütigung unter die Fügung des Geschickes, die ich in mir immer als die erste und höchste Pflicht des Menschen betrachte.

Ich habe nie begriffen, wie die Zeit einen Schmerz um einen Verlust soll verringern können. Das Entbehren dauert durch alle Zeit fort, und die Linderung könnte nur darin liegen, daß sich die Erinnerung an den Verlust schwächte oder man sich gar im Gefühl des Alleinstehens enger an ein anderes Wesen anschlösse (was, hoffe ich, mir ewig fernbleiben wird). Es ist mir aber auch sehr recht, daß es in mir bleibe, so wie es ist. Ich habe für mich nie das Glück in freudigen, das Unglück nie in schmerzhaften Empfindungen gesucht, das, was die Menschen gewöhnlich Glück und Unglück nennen, nie so angesehen, als hätte ich ein Recht zu klagen, wenn statt des Genusses des ersteren das letztere mich beträfe. Ich bin eine lange Reihe von Jahren an der Seite meiner Frau unendlich glücklich gewesen, großenteils allein und ganz durch sie und wenigstens so, daß sie und der Gedanke an sie sich in alles das mischte, was mich wahrhaft beglückte. Dies ganze Glück hat der Gang der Natur, die Fügung des Himmels mir entzogen, auf immer und ohne Möglichkeit der Rückkehr entzogen. Aber die Erinnerung an die Verlorene, das, was sie und das Leben mit ihr in mir gestiftet hat, kann mir kein Schicksal, ohne mich selbst zu zerstören, entreißen. Es gibt glücklicherweise etwas, das der Mensch festhalten kann, wenn er will, und über das kein Schicksal eine Macht hat. Kann ich mit dieser Erinnerung ungestört in Abgeschiedenheit und Einsamkeit fortleben, so klage ich nicht und bin nicht unglücklich.

Denn man kann großen und tiefen Schmerz haben und sich doch darum nicht unglücklich fühlen, da man diesen Schmerz so mit dem eigensten Wesen verbunden empfindet, daß man ihn nicht trennen möchte von sich, sondern gerade, indem man ihn innerlich nährt und hegt, seine wahre Bestimmung erfüllt.

Die Vergangenheit und die Erinnerung haben eine unendliche Kraft, und wenn auch schmerzliche Sehnsucht daraus quillt, sich ihnen hinzugeben, so liegt darin doch ein unaussprechlich süßer Genuß. Man schließt sich in Gedanken ab mit dem Gegenstande, den man geliebt hat und der nicht mehr ist, man kann sich in Freiheit und Ruhe überall nach außen hin wenden, hilfreich und tätig sein, aber für sich fordert man nichts, da man alles hat, alles in sich schließt, was die Brust noch zu füllen vermag. Wenn man das verliert, was einem eigentlich das Prinzip des gedankenreichsten und schönsten Teil seiner selbst gewesen ist, so geht immer für einen eine neue Epoche des Lebens an.

*

Ich sehe mein Leben jetzt von der Seite an, daß es ein Vollenden, ein Abschließen der Vergangenheit ist. Es ist aber in meiner Art zu empfinden gegründet, daß mich dies nicht zur Beschäftigung mit dem Tode und dem Jenseits, sondern gerade zu den Gedanken, die auf das Leben gerichtet sind, bringt. Ich halte das auch nicht für eine Eigenheit in mir, sondern ich glaube, es müßte überhaupt so sein.

Wenn man an den Tod zu denken empfiehlt, so ist das eigentlich nur gegen den Leichtsinn gerichtet, der das Leben wie eine immer dauernde Gabe ansieht. Davon ist ein in sich gesammeltes Gemüt schon von selbst frei. Übrigens aber weiß ich nicht, ob anhaltende Beschäftigung des Geistes mit dem Tode und dem, was ihm folgen wird, eine der Seele heilsame ist. Die religiösen Gefühle, die den Tod so herbeirufen, sind gewiß irrige und unglückliche Verstimmungen. Die Sophismen, womit man philosophisch den Lebensüberdruß beschönigt, sind ein leicht zu zerreißendes Spinnengewebe. Das Schwächste, was man je dagegen gesagt hat, ist noch immer haltbarer und gesunder als das Schimmerndste in jenem. Ein mächtiges Gefühl von Pflicht und Gehorsam gegen die Vorsehung schneidet alle diese Zweifel ab.

Die aus dem Vertrauen auf eine Allgüte und Allgerechtigkeit entspringende Zuversicht, daß der Tod nur die Auflösung eines unvollkommneren, seinen Zweck nicht in sich tragenden Zustandes und der Übergang zu einem besseren und höheren ist, muß dem Menschen so gegenwärtig sein, daß nichts sie auch nur augenblicklich verdunkeln kann. Sie ist die Grundlage der inneren Ruhe und der höchsten Bestrebungen und eine unversiegliche Quelle des Trostes im Unglück. Aber das Ausmalen des möglichen Zustandes, das Leben mit der Phantasie darin zieht nur vom Leben ab und setzt nur scheinbar etwas Besseres an die Stelle, da allerdings die Gegenstände erhabener sind, nach denen man trachtet, man sie aber doch so, wie man es versucht, nicht zu fassen vermag. Gott hat auch deutlich gezeigt, daß er eine solche Beschäftigung nicht wohlgefällig ansieht. Denn er hat den künftigen Zustand in einen undurchdringlichen Schleier gehüllt und jeden einzelnen in gänzlicher Unwissenheit gelassen, wann der Augenblick ihn ereilen wird, ein sicheres Zeichen, daß der Lebende dem Leben angehören und darauf gerichtet sein soll.

Wozu mich also die Gewißheit, sich in dem letzten Lebensabschnitt zu befinden, mahnt, ist ein auf das Leben gerichtetes Bestreben, das Bestreben, das Leben abzurunden, ein inneres Ganzes daraus zu machen. In den Stand gesetzt zu sein, dies zu tun, dadurch daß man nicht mitten aus dem Treiben des Lebens hinweggerissen wird, sondern einen Zeitraum der Muße und Ruhe behält, ist eine Wohltat der Vorsehung, die man nicht ungenutzt vorübergehen lassen muß. Ich meine damit nicht, daß man gerade noch etwas tun, etwas vollenden soll. Was ich im Sinn habe, kann jeder in jeder Lage. Ich meine an seinem Innern arbeiten, seine Empfindungen in vollkommene Harmonie bringen, sich selbständiger und unabhängiger von äußeren Einflüssen zu machen, sich so zu gestalten, wie man sich in den ruhigsten und klarsten Geistesmomenten gestaltet sehen möchte. Dazu geht jedem, wieviel er auch an sich getan haben möge, viel ab, daran ist längere Arbeit, als vielleicht die Dauer des Lebens verstatten wird. Dies aber nenne ich den eigentlichen Lebenszweck, dieser aber gibt auch dem Leben immer noch Wert, und wenn mich irgendein Unglück (wie es jeden, wie glücklich er scheine, treffen kann) dahin bringen sollte, das Leben nicht mehr zu diesem Zwecke zu schätzen, so würde ich mich selbst mißbilligen und diese Gesinnung in mir ausrotten. Allein auch über einen solchen Lebenszweck soll man nicht unfruchtbar mit seinen Gedanken brüten. Er muß nur die der Seele gegebene Richtung sein, nur das, wie sich die Gelegenheit darbietet, urteilende, billigende, zurechtweisende Prinzip. Das Leben will zugleich eine äußere Beschäftigung, eine wirkliche Arbeit in allen Ständen und allen Lagen. Es ist nicht gerade diese Beschäftigung, diese Arbeit selbst, die einen so großen Wert besitzt, aber es ist ein Faden, an den sich das Bessere, die Gedanken und Empfindungen anknüpfen, oder das, woneben sie hinlaufen. Es ist der Ballast, ohne den das Schiff auf den Wellen des Lebens keine sichere Haltung hat.

*

Es ist ein sehr großes Glück, wenn man all sein Denken und Empfinden an e i n e n Gegenstand setzt. Man ist dann auf immer geborgen, man begehrt nichts mehr vom Geschick, nichts mehr von Menschen, man ist sogar außerstande, etwas anderes von ihnen zu empfangen als die Freude an ihrem Glück. Man fürchtet auch nichts von der Zukunft. Man kann nicht ändern, was nicht zu ändern ist, aber das eine, das Hängen an e i n e m Gedanken, e i n e m Gefühl, wenn es auch durch den grausamsten Schlag, der einen Menschen betreffen kann, nur zu dem Hängen an einer Erinnerung würde, das bleibt immer. Wer dies stille Hängen an einem Gedanken erreicht hat, besitzt alles, weil er nichts andres verlangt.

Solch ein treues, die ganze Seele einnehmendes Hängen an einem Gefühl ist immer von selbst auf das gerichtet, was im Irdischen selbst nicht irdisch ist. Denn das bloß Irdische ist nicht fähig, die Seele so auf sich zu heften. Der Probierstein der Echtheit des Gefühls ist nur, daß es von aller Unruhe frei, mit keiner Art des Begehrens gemischt sei, daß es nichts verlange, nichts fordre, keine andre Sehnsucht kenne, als in der Art, wie es ist, fortzudauern.

Darum ist das Gefühl für Verstorbene ein so süßes, so reines, so der Sehnsucht hingegebenes Gefühl, die bis ins Unendliche fortwächst, ohne sich je zu zerstören, in deren Wachstum selbst die Seele ohne Unterlaß Kraft gewinnt, sich ihr in immer süßerer Wehmut zu überlassen. Nebst den Gefühlen für das Göttliche selbst sind dies unstreitig die reinsten und von aller irdischen Beimischung am meisten geläuterten. Sie haben zugleich das Eigentümliche, daß sie der Erde nicht entfremden und doch allem Drohenden und Schmerzlichen, was die Erde auch oft beut, den Stachel und den Wermut benehmen.

Da der Gedanke an die Verstorbenen mit allem dem zusammenhängt, was sie im Leben umgab, so sind sie, statt vom Leben abzuführen, vielmehr immerfort Verknüpfungsmittel mit demselben, es gibt in jeder Lage noch immer Gegenstände, an welchen man sich die Verstorbenen als teilnehmend und noch mit dem Leben verknüpft denkt. Diese knüpfen auch den Zurückbleibenden noch an das Leben fest, aber es ist eine Verknüpfung, die dem Leben alles Schwere benimmt, da man sich doch nicht mehr ganz als ihm angehörend betrachtet.

Wenn die liebsten Gedanken alle jenseits des Lebens sind, wenn das Leben keinen hat, der diesen die Waage halten könnte, so kann, was man sonst im Leben zu fürchten pflegt, einem irgend gegen irdisches Schicksal Gewaffneten nicht sonderlich furchtbar erscheinen. Zeit und Ewigkeit verknüpfen sich im Gemüt zu einer Ruhe, die nichts mehr stört.

Ich habe mir immer, ehe ich noch die Erfahrung selbst gemacht hatte, gedacht, daß es so sein müßte. Ich hatte es nie für möglich gehalten, daß es für einen wahren Verlust auch nur einen scheinbaren Ersatz geben könnte. Jetzt empfinde ich das wirklich, da das Los mich getroffen hat. Ja, ich werde mit großer Freude gewahr, daß sich diese wahre und richtige Einwirkung, die solcher Verlust haben muß, mit der Zeit immer vollkommener und richtiger entfaltet, wie die irdische Nacht tiefer wird, je länger sie währt. Die Freude, die man am nächtigen Dunkel hat und für die ich immer sehr empfänglich gewesen bin, ist dieser

Empfindung ähnlich. Man ist allein und will allein sein, man gewahrt äußerlich nichts, und innerlich regt sich ein doppeltes Leben. Der Tag ist gewesen und der Tag wird wiederkehren. 1829/D

[Nach dem Tod eines vertrauten Freundes]

Jetzt blühen nun schon Frühlingsblumen auf seinem Grabe wie auf dem meiner Frau. So geht die Natur ihren ewigen Gang fort und kümmert sich nicht um den in ihrer Mitte vergänglichen Menschen. Mag auch das Schmerzhafteste und Zerreißendste begegnen, mag es sogar eine unmittelbare Folge ihrer eignen gewöhnlichen Umwandlungen oder ihrer außerordentlichen Revolutionen sein, sie verfolgt ihre Bahn mit eiserner Gleichgültigkeit, mit scheinbarer Gefühllosigkeit. Diese Erscheinung hat, wenn man eben vom Schmerz über ein schon geschehenes Unglück oder von Furcht vor einem drohenden ergriffen ist, etwas wieder schmerzlich Ergreifendes, die innere Trauer Vermehrendes, etwas, das schaudern und erstarren macht. Aber sowie der Blick sich weiter wendet, sowie die Seele sich zu allgemeinen Betrachtungen sammelt, sowie also der Mensch zu der Besonnenheit und Ergebung zurückkehrt, die seiner wahrhaftig würdig sind, dann ist gerade dieser ewige, wie an eherne Gesetze gefesselte Gang der Natur etwas unendlich Tröstendes und Beruhigendes. Es gibt dann doch auch hier schon etwas Festes, einen ruhenden Pol in der Flucht der Erscheinungen, wie es einmal in einem Schillerschen Gedichte sehr schön heißt. Der Mensch gehört zu einer großen, nie durch einzelnes gestörten noch störbaren Ordnung der Dinge, und da diese gewiß zu etwas Höherem und endlich zu einem Endpunkte führt, in dem alle Zweifel sich lösen, alle Schwierigkeiten sich ausgleichen, alle früher oft verwirrt und in Widerspruch klingende Töne sich in e i n e n mächtigen Einklang vereinigen, so muß auch er mit ebendieser Ordnung zu dem gleichen Punkte gelangen.

1829/D

Sehnsucht nach dem Tod

Mich kann manchmal eine Art Sehnsucht nach diesem Zeitpunkt ergreifen, gar nicht, daß es mich aus dem Leben dahin triebe (denn ich lebe glücklich und gern), nicht daß ich dort, ich weiß nicht, welche wunderbare Seligkeit erwartete (denn ich bin auch hier nie dem Glück nachgegangen), noch eine ewige Ruhe (denn mich hat hier keine Unruhe geplagt), aber weil mich die geistige Sehnsucht treibt, die alles tiefe und ergreifende Verlangen der Leidenschaft in sich trägt, aber nicht ihre quälende Unruhe und ihre irreführende Heftigkeit teilt, um mit heiterem Sinn und gesetzten Schritt, die in dem irgend Starken keine Krankheit zu trüben oder zu erschüttern vermag, aus einem Zustand, den man von allen Seiten kennt, in dem man sich mannigfaltig versucht hat, und den man dankbar und liebend auch da noch umfaßt, in einen verwandten gänzlich neuen übergehen, wo sich eine neue und wunderbare Weltansicht eröffnen muß. Man tritt in ein ewiges Dunkel und gewinnt vermutlich erst da das eigentliche Licht; man verläßt alles und kommt vermutlich erst dann sich eigentlich nahe. 1818

*

Der Tod ist kein Abschnitt des Daseins, sondern bloß ein Zwischenereignis, ein Übergang aus einer Form des endlichen Wesens in die andere. Beide Zustände, hier und jenseits, hängen also genau miteinander zusammen, ja sie sind unzertrennlich verbunden, und der erste Moment des Dort kann sich nur wahrhaft anschließen, wenn der des Scheidens von hier nach der freien Entwicklung des Wesens wahrhaft der letzte gewesen ist. Diesen Moment der Reife zum Tode oder der Unmöglichkeit hier weiter zu gedeihen, kann keine menschliche Klugheit berechnen, kein inneres Gefühl anzeigen. Dies zu wähnen, wäre nur eine eitle Vermessenheit menschlichen Stolzes. Nur der, welcher das ganze Wesen zu durchschauen und zu erkennen imstande ist, kann dies, und ihm die Stunde anheimzustellen und seiner Bestimmung auch nicht einmal durch heftige Wünsche zuvorzukommen, ist Gebot der Pflicht und der Vernunft zugleich. 1832/D

*

Ich habe nie die mindeste Furcht vor dem Tode gehabt, er wäre mir in jedem Augenblick willkommen. Ich sehe ihn als das an, was er ist, die natürliche Entwicklung des Lebens, einen der Punkte, wo das unter gewissen endlichen Bedingungen geläuterte und schon gehobene menschliche Dasein in andre, befriedigendere und erhellendere gelangen soll. Was menschlich ist, in dem Ausbildungsgange des Lebens liegt, was alle Menschen miteinander teilen, das kann der irgend Weise nicht fürchten, er muß es vielmehr begünstigen und lieben, gleichsam mit Wißbegierde, solange die Besinnung ihm beiwohnt, auf den Übergang achten, versuchen, wie lange er das fliehende Hier noch zu halten vermag. Ich hörte bisweilen sagen, der Tod müsse gewiß von einem wohltätigen und angenehmen Gefühl begleitet sein, und das ist mir selbst, wenn auch manchmal das Gegenteil stattzufinden scheint, glaublich. Die Schmerzen pflegen zu weichen, alle Unruhe sich zu legen, und fast immer haben Tote, ehe die Züge entstellt und verzogen werden, etwas Ruhiges, Friedliches, selbst oft etwas Erhebendes und Verklärtes. Bei alledem muß man es doch eine düstre Gemütsstimmung nennen, wenn man sich dem Tode nahe glaubt. Der Tod ist immer ein Ausscheiden aus aller bekannten Heimat, ein Gehen ins Neue und Fremde. 1828/D

*

Die Verschönerung im Tode, denn so kann man es fast nennen, ist ein Vorrecht des Menschen. Denn in den Tieren findet sich das Gegenteil: das schönste, mutigste, edelste Pferd sieht auf dem Schlachtfelde häßlich und widerwärtig aus. Der Grund liegt doch wohl in dem Eindruck, den die Seele auf die Züge des Gesichts macht. Dieser Eindruck, wenn die Gemütsart sanft, unverdorben war, ist in sich und natürlich ruhig, sittlich rein und selbst bei Personen von geringen Geistesgaben bis auf einen gewissen Punkt edel. Im Leben wird er durch die augenblicklichen Erregungen des Gemüts durch die Umstände immer mehr oder weniger aus dem Gleichgewichte gebracht. In den Leiden einer Krankheit ist dies doppelt der Fall. Mit dem Tode weicht nun jener augenblickliche Einfluß auf die Züge, der ursprüngliche, durch das ganze Gemüt bewirkte aber bleibt und erhält sich, solange die körperliche Gestalt der Teile nicht zerfällt, auch ohne die fortdauernde Anwesenheit des Gemüts gleich einem eingeprägten Bilde. In diesem muß dann natürlich eine vollkommene Ruhe liegen, da das bewegliche Leben in den ewigen Schlummer eingewiegt ist. Vielleicht hat aber die Erscheinung auch einen schöneren und höheren Grund. Wir sehen, und können nicht anders, den Tod als ein Scheiden der Seele, eine Befreiung derselben aus den Banden des Körpers an. Wir wissen aber durchaus nicht, was aus der fliehenden wird. Vielleicht ändert sie schon im Augenblick, wo sie den Körper verläßt, ihre irdische Natur und wirft nun einen scheidenden Strahl auf den zurückbleibenden, dessen Licht wir in den immer den Seeleneindrücken folgsamen Gesichtszügen erblicken. Alles in diesen letzten Momenten ist wunderbar und unbegreiflich, und wenn wir uns auch selbst darin befinden werden, so werden wir doch auch mit der größesten Besonnenheit nicht mehr davon wissen und erfahren. Die Natur wirft immer einen dichten Schleier über ihre Verwandlungen.

1833/D

*

Es ist eine nicht so leicht zu beantwortende Frage, ob vorzuziehen ist, schnell hinweggerufen zu werden oder langsam zu sterben und das Bewußtsein seines Todes zu haben. Ich setze freilich dabei immer voraus, daß auch der langsame Tod ein schmerzloser sei. Selbst theologisch hat man die Frage aufgeworfen. Der Grund, den man sich dabei gedacht hat, ist wohl kein andrer gewesen, als daß man Zeit haben soll, sich auf den Tod vorzubereiten, damit man nicht unbußfertig sterbe. Davon, gestehe ich, würde ich wenig halten. Die Vorbereitung zum Tode muß das ganze Leben sein, so wie das Leben selbst und wirklich von seinem ersten Schritte an eine Annäherung zum Tode ist. Allein wenn ich auch in diesen Grund nicht eingehen kann, so läßt sich sonst, wenigstens im individuellen Gefühl, manches zugunsten eines vorauszusehenden, mit Bewußtsein verknüpften Todes sagen. Es hat immer etwas sehr Gewaltsames, so plötzlich hinweggerufen zu werden, auch wenn es ein bloßer Schlagfluß ist und in der Tat noch so sanft. Dann aber liegt noch etwas Menschliches darin, sich dem Gefühl des Todes nicht entziehen zu wollen, ihn kennenzulernen, bis auf den letzten Hauch das scheidende Leben in sich zu beobachten.

Man kommt so ohne Erinnerung und Bewußtsein in die Welt, daß es wohl die Mühe verdient, sie wenigstens mit klarer Besonnenheit zu verlassen. Es ist mir, als kennte man nicht das ganze Leben, wenn man nicht den Tod gewissermaßen mit in den Kreis einschließt. Wie ich es mir jetzt denke, würde ich suchen, nur den gegenwärtigen Moment zu beobachten, und mich von allen Gedanken an die Vergangenheit und auf die Zukunft möglichst frei halten. Niemand kann aber vorhersagen, wie er es in solchen Momenten mit sich selbst halten würde. In dem, was man nur einmal erfährt, kann niemand für sich einstehen; der Furchtsame kann herzhaft, der Herzhafte zaghaft sein. Auch ändert darin alle Vorbereitung nichts, da man nicht einmal weiß, worauf man sich vorzubereiten hat. Tod ist nichts als ein Wort. Erst die eigne Empfindung kann sagen, was in der Wirklichkeit diesem Worte zum Grunde liegt. Der Anblick der Sterbenden gibt wenig dazu, was man in ihnen sieht, geht bloß dem Tode vorher. Mit ihm selbst tritt für uns die starre Besinnungslosigkeit ein. Ob dies aber auch für sie so ist und sie erst wieder später und anders erwachen, das ist es, was man zu wissen wünschte und was unmöglich ist, es zu erfahren. 1825/D

*

Man muß nicht zu viel Negatives vom Tode sagen. Neben dem Schrecklichen des Abschneidens hat er auch wieder das Schöne, daß er das Edle und Hohe in einem Gemüt dem flutenden Wechsel der Zeit entreißt und es abgeschlossen und vollendet zur Liebe und Bewunderung hinstellt. Er ist ein Vermittler zwischen dem Ewigen und Vergänglichen, und wenn man je einmal auf die Stufe kommt, ihn rein und ganz von dieser positiven Seite zu betrachten und des Wahns der Vernichtung loszuwerden, wird er nicht wie ein Zerstörer, sondern wie ein Bruder des Lebens erscheinen. 1809

*

Was sich einmal zum wahren Individuum gestaltet hat, ist dem bildungslosen Stoff entrissen, in das allein wahrhaft Lebendige übergegangen, und es ist wirklich kürzere oder längere Dauer hier von dieser Seite in sich gleichgültiger und minder bedeutend. Ist gleich alles jenseits des Grabes dunkel und ungewiß, so ist die Kraft der Liebe doch unzerreißbar stark, und was man sich so einmal angeeignet hat, kehrt doch durch alle Irrwege der Wesenumgestaltung zurück. Dies reine und innere Leben, das zu der höchsten Regsamkeit gestimmt sein muß, um in tiefe und wirkliche Liebe aufzublühen, beherrscht doch eigentlich alle dunkeln unverstandenen Kräfte der Natur, und was man einmal durch Empfindung darin verflochten hat, bleibt durch alle Ewigkeit hindurch unverloren. 1809

Endlich wieder lesen können ...

Dieser Wunschtraum vieler Sehbehinderter geht jetzt in Erfüllung. Denn mit unserer

„Reihe leichter lesen/Bücher in Großdruck“

öffnen wir allen, die mit dem Lesen bislang Schwierigkeiten hatten, wieder den Weg zu guter Literatur und zu gepflegter Unterhaltung.

„Wer vieles bringt, wird manchem etwas bringen“ heißt es – und deshalb finden sie in unserem Verlagsprogramm eine bunte Mischung aktueller und klassischer Literatur. Dieses Programm wird alle drei Monate um neue attraktive Titel erweitert. Beste Voraussetzung, daß sich jeder Leser eine eigene Großdruck-Bücherei nach seinem Geschmack einrichten kann. Wir informieren Sie gerne regelmäßig über unsere Neuerscheinungen. Bitte schicken Sie uns die beiliegende Antwortkarte zurück oder (falls nicht mehr vorhanden) schreiben Sie uns.

Auch für Anregungen, Wünsche und Kritik sind wir Ihnen dankbar. Wir versprechen Ihnen: jede Zuschrift wird beantwortet.

Doch jetzt wünschen wir Ihnen erst einmal weiterhin ungetrübte Lesefreude . . .

Reihe leichter lesen

19 *Benary-Isbert,* Mädchen für alles*),
148 Seiten, DM 22,50

63 *Bentz,* Gute Nacht Jakob,
260 Seiten, DM 28,–

62 *Bergius,* Der Fälscher,
464 Seiten, DM 37,50

07 *Berkeley,* Der verschenkte Mord,
144 Seiten, DM 18,–

20 *Buck,* Die verborgene Blume,
328 Seiten, DM 32,–

13 *Campbell,* Im Sog,
260 Seiten, DM 25,–

02 *Canning,* Der verlorene Freitag,
308 Seiten, DM 27,–

16 *Christie,* Mord im Pfarrhaus,
240 Seiten, DM 25,–

01 *Christie,* Lauter reizende alte Damen,
220 Seiten, DM 22,–

72 *Christie,* Vorhang,
240 Seiten, DM 26,50

15 *Dürrenmatt,* Grieche sucht Griechin,
148 Seiten, DM 19,–

55 *Fallada,* Damals bei uns daheim,
400 Seiten, DM 36,–

12 *Gallico,* Immer diese Gespenster,
344 Seiten, DM 34,–

73 *Gallico,* Die silbernen Schwäne,
160 Seiten, DM 20,–

64 *Gast,* Die Sache, die man Liebe nennt,
216 Seiten, DM 26,–

18 *Geißler,* Dame mit Vogel,
164 Seiten, DM 21,–

11 *Gilbreth,* Was für eine Frau,
228 Seiten, DM 24,–

71 *The Gordons,* Kater DC und der Geheimagent,
208 Seiten, DM 24,–

*) Die Ziffer vor dem Autorennamen ist die Bestellnummer.

28 *Kästner,* Drei Männer im Schnee,
224 Seiten, DM 18,–

29 *Tomasi di Lampedusa,* Der Leopard,
328 Seiten, DM 20,–

39 *Lindbergh,* Muscheln in meiner Hand,
135 Seiten, DM 15,–

48 *Meyer,* Der Schuß von der Kanzel,
152 Seiten, DM 12,–

30 *Nigg,* Unvergängliche Legende, Band I,
224 Seiten, DM 20,–

77 *Nigg,* Unvergängliche Legende, Band II,
244 Seiten, DM 20,–

31 *Pausewang,* Plaza Fortuna,
299 Seiten, DM 20,–

32 *Raabe,* Der Hungerpastor,
520 Seiten, DM 22,–

49 *Remarque,* Die Nacht von Lissabon,
317 Seiten, DM 22,–

33 *Roth,* Radetzkymarsch,
496 Seiten, DM 22,–

34 *Sayers,* Mord braucht Reklame,
336 Seiten, DM 20,–

40 *Selinko,* Heute heiratet mein Mann,
239 Seiten, DM 20,–

43 *Stander,* Das Pferd,
181 Seiten, DM 18,–

35 *Storm,* Novellen,
365 Seiten, DM 21,–

36 *Thoma,* Lausbubengeschichten,
143 Seiten, DM 12,–

46 *Waggerl,* Liebe Dinge,
100 Seiten, DM 10,–

37 *Zuckmayer,* Die Fastnachtsbeichte,
238 Seiten, DM 18,–

38 *Zuckmayer,* Der Seelenbräu,
164 Seiten, DM 16,–

Alle Bücher in festem, fadengeheftetem Leinenband; mehrfarbiger cellophanierter Schutzumschlag.

Verlag Hans Richarz - D-5205 St. Augustin 1
Postfach 1165 - Tel. 0 22 41/33 33 49